Alexandre Mendes & David Merkh

PERGUNTAS & RESPOSTAS
SOBRE O namoro E O NOIVADO
(QUE DEUS SEMPRE QUIS)

© 2015 Alexandre Mendes & David J. Merkh

1ª edição: novembro de 2015
4ª reimpressão: março de 2023

REVISÃO
Sônia Lula
Josemar S. Pinto

DIAGRAMAÇÃO
Catia Soderi

CAPA
Maquinaria Studio

EDITOR
Aldo Menezes

COORDENADOR DE PRODUÇÃO
Mauro Terrengui

IMPRESSÃO E ACABAMENTO
Imprensa da Fé

As opiniões, as interpretações e os conceitos emitidos nesta obra são de responsabilidade dos autores e não refletem necessariamente o ponto de vista da Hagnos.

Todos os direitos desta edição reservados à
EDITORA HAGNOS LTDA.
Rua Geraldo Flausino Gomes, 42, conj. 41
CEP 04575-060 — São Paulo, SP
Tel.: (11) 5990-3308

E-mail: hagnos@hagnos.com.br
Home page: www.hagnos.com.br

Editora associada à:

Dados Internacionais de Catalogação na Publicação (CIP)
Angélica Ilacqua CRB-8/7057

Mendes Alexandre

   Perguntas e respostas sobre o namoro e o noivado (que Deus sempre quis) /Alexandre Mendes & David J. Merkh. — São Paulo: Hagnos, 2015.

   ISBN 978-85-243-0507-8

   1. Namoro: aspectos religiosos 2. Noivado: aspectos religiosos. I. Título II. Merkh, David J.

15-0915   CDD 241.6765

Índices para catálogo sistemático:
1. Namoro: aspectos religiosos

DEDICATÓRIA

Aos jovens leitores, solteiros,
namorados e noivos...

Que Deus lhes ajude a encontrar
respostas confiáveis em sua Palavra a
perguntas complicadas sobre namoro
e noivado.

SUMÁRIO

Agradecimentos 9

Prefácio dos autores 11

Introdução 13

PARTE 1 – O QUE VOCÊ SEMPRE QUIS SABER 17
Para quem ainda não namora **21**

1. Qual é a idade ideal para começar a namorar?   23
2. Existe uma diferença de idade ideal?   26
3. O que é melhor: namorar ou fazer a corte?   30
4. Existe amor à primeira vista?   32
5. A quem e quando uma pessoa deve se declarar?   34
6. O que fazer na fase "pré-namoro"?   37
7. E se as diferenças são grandes demais?   39
8. Como saber a vontade de Deus?   42
9. Em que devo prestar atenção?   45
10. Preciso pedir permissão dos pais da moça?   48
11. O que fazer com pais indiferentes?   50
12. E se os pais não concordam?   52
13. E se os rapazes são passivos demais?   54
14. Como lidar com a possibilidade de namoro a distância?   56

15. É possível namorar pela internet? 58

16. E se me sinto machucado demais para tentar de novo? 60

17. Como lidar com a rejeição? 62

18. E se o outro já está namorando? 64

19. O que fazer quando não há jovens na igreja? 66

20. Querem me arranjar uma namorada. O que faço? 68

21. Será que sou exigente demais? 70

Para quem já está namorando 73

22. Quando dizer "Eu te amo"? 75

23. Como manter exclusividade sem ser exclusivista? 77

24. Como promover crescimento espiritual juntos? 79

25. Qual é a importância da atração física? 81

26. Quais são os limites no contato físico? 83

27. E se temos pouco tempo juntos? 86

28. Até que ponto é recomendável o namoro ou o noivado prolongado? 88

29. Casar ou viver abrasado? 90

30. Quem paga o quê? 93

31. Como fica a submissão no namoro? 96

32. Como tratar as diferenças doutrinárias? 98

33. O que dizer sobre as diferenças de vocação? 101

34. E quando o namorado tem explosões de ira? 103

35. Como lidar com a mentira? 106

36. E a agressão física? 108

37. O que fazer se não suporto os amigos dele? 110

38. Ficou desempregado. É o fim do namoro? 112

39. Como lidar com o ciúme? 114

40. O que fazer ao se descobrir uma traição *on-line*? 116

41. O que fazer se os limites são ultrapassados? 118

42. Posso dormir na casa do meu namorado? 120

43. Até que ponto preciso contar tudo sobre o passado? 122

44. E a virgindade? 124

45. O que fazer se achei alguém melhor? 126

46. Como terminar bem? 129

47. Como terminar o que não deveria ter começado? 131

Para os noivos **133**

48. O que dizer sobre aconselhamento pré-nupcial? 135

49. E quando os pais têm expectativas diferentes? 138

50. Como saber se teremos compatibilidade sexual? 140

51. Está chegando... mas estou com medo. O que fazer? 142

52. Ter ou não ter filhos? 145

53. Como decidir sobre planejamento familiar? 147

54. Como lidar com a vergonha das núpcias? 149

55. Fiquei grávida. E agora? 151

56. Como lidar com a traição no noivado? 154

57. Como lidar com expectativas diferentes sobre
a lua de mel? 156

58. Surgiu uma doença grave. O que fazer? 158

59. O que dizer sobre o casamento civil? 160

E mais... .... **163**

60. "Não quero me casar". Algum problema? 165

61. Como lidar com os maus pensamentos? 167

62. Masturbação é pecado? 171

63. O que dizer sobre a pornografia? 174

64. Como lidar com a atração por pessoas do mesmo sexo? 176

65. Até que ponto é válido manter amizade com o sexo oposto? 179

66. Chegou a hora? E agora? 181

PARTE 2 – O QUE DEUS AINDA QUER QUE VOCÊ SAIBA **183**

1. Retomando o assunto: pré-requisitos para o namoro 185

2. O jardim fechado: Pureza sexual e defraudação
no namoro 189

3. E o ficar? 198

4. O centro da questão 203

5. Meu ídolo 211

6. A preciosidade do outro: O amor pelo próximo
e as boas maneiras 218

7. Preparando jovens para o casamento 226

PARTE 3 – RECURSOS PRÁTICOS QUANDO VIER O QUE DEUS QUER 233

1. Pacto de namoro 235

2. Orientação para casais que acompanham namorados 237

3. Conselhos pré-matrimoniais 245

4. Planejando seu casamento 250

5. Guia de Planejamento: Cronograma de preparativos
para o casamento 254

6. Cerimônias de casamento 260

7. Votos de casamento 263

Sobre os autores 267

Não perca o outro livro dos autores sobre namoro
e noivado! 269

AGRADECIMENTOS

Ficamos alegres diante da reação tão positiva à publicação do primeiro volume, *O namoro e o noivado que Deus sempre quis*. Louvamos a Deus por sua graça sobre nós derramada, por usar vasos de barro para expor seus propósitos soberanos, sábios e amorosos.

Nesse processo, reconhecemos outros instrumentos que Deus usou para que este novo projeto se tornasse realidade:

— A equipe da Hagnos, principalmente Marilene Terrengui e Juan Carlos Martinez, que insistiram que esse segundo volume de perguntas e respostas sobre namoro e noivado fosse escrito.

— A todos os leitores que mandaram perguntas, sugestões e críticas valiosas sobre a busca conjunta do namoro e do noivado que Deus sempre quis.

— Ana, esposa de Sacha, e Carol, esposa de David, pelo apoio, pelo incentivo e pelas sugestões sempre valiosas.

— Adriana, nora de David, que mais uma vez fez uma revisão e avaliação crítica do manuscrito.

Nosso desejo é que este segundo volume seja igualmente usado pelo Senhor para abençoar jovens e suas famílias a viverem para a honra e a glória do nome de Deus, apontando Jesus Cristo e sua vontade como a verdadeira bússola em sua vida.

PREFÁCIO DOS AUTORES

Ao longo dos anos, temos recebido muitas perguntas sobre assuntos relacionados a namoro e noivado, algumas pelo nosso *site* — www.palavraefamilia.org.br — e muitas outras no pastoreio de jovens e pais em conversas particulares, aconselhamentos e palestras. Impulsionado pela publicação do livro *O namoro e o noivado que Deus sempre quis*, o número de perguntas e conversas sobre namoro e noivado aumentou. Entendemos que muitas perguntas foram respondidas ainda no primeiro livro, mas outras mostram que ainda existe muito o que pensar, falar e escrever sobre namoro e noivado para cristãos que buscam agradar ao Senhor em tudo.

Foi aí que surgiu a ideia de um segundo livro. Num formato diferente, buscamos responder a algumas das perguntas mais típicas e comuns, mantendo em sigilo a identidade de quem fez a pergunta. Em alguns casos, a pergunta que aparece aqui é uma formulação nossa que resume conversas que já tivemos com vários jovens. Às vezes, a pergunta aparece da mesma forma em que foi feita, alterando apenas alguns aspectos da resposta para preservar a identidade de quem fez.

Esperamos que ao final deste segundo livro, o leitor seja capaz de preencher algumas lacunas que tenha observado em leituras anteriores. Também esperamos que você seja encorajado a compreender a suficiência das Escrituras e sua prática com relação a todos os problemas e situações do dia a dia. No final das contas, é essa convicção profunda de que a Bíblia é a Palavra de Deus e fonte inesgotável de sabedoria que nos orienta em cada passo que tomamos em todas as áreas, inclusive em direção ao casamento.

INTRODUÇÃO

Era uma vez, na Terra dos Patos, uma pequena igreja de patos chamada Primeira Igreja dos Patos do Lago Grande. Os bons patos do Lago Grande assistiam ao culto e aos sermões do pastor Bico todos os domingos. Um domingo, depois de cantar três vezes o cântico glorioso "Eu voarei", pastor Bico começou sua mensagem, dizendo: "Bando de patos, Deus nos deu asas para VOAR!" O senhor Pena exclamou "Aleluia!". O pastor continuou: "Com nossas asas podemos chegar às alturas!"; "Glória a Deus!", respondia uma dúzia de vozes. Animado, o pastor declarou: "Podemos ir longe com nossas asas, não há empecilhos que nos impeçam de sair do chão!" Dona Ninho não podia se conter e gritou: "É verdade, irmão!" Finalmente, o pastor concluiu: "Certamente o bom Deus sabia o que estava fazendo quando nos deu asas! Amém?" "... E todos responderam em coro: "Amém".

No final do culto, os patos saíram da igreja, agradeceram ao pastor por lembrar-lhes que suas asas serviam para voar... e andaram em silêncio de volta para casa.

"Andaram em silêncio de volta para casa"? Como assim? Os patos se reúnem para louvar a Deus pelo par de asas que cada um recebeu e, na hora de voltar para casa, voltam andando? Infelizmente, algo muito parecido acontece conosco. Como cristãos, somos equipados com recursos suficientes para "voar", mas ainda gostamos de "andar". Namoro e noivado não são exceções desse triste padrão. Temos tudo o que precisamos para "voar" em uma vida coerente com a vontade do Senhor, mas insistimos em "andar".

O livro que você tem em mãos está dividido em três partes. Na primeira parte, "O que você sempre quis saber", nós vamos voar! Apresentamos uma coletânea de perguntas e respostas que nos lembram que temos asas, portanto deixaremos de "andar"! A Palavra de Deus não nos foi dada para o acúmulo de informação, mas para gerar transformação (Tg 1.22). Nessa parte, respondemos a algumas das muitas perguntas que os jovens têm levantado sobre namoro e noivado, tanto para os que ainda não namoram quanto para os namorados e noivos.

Na segunda parte do livro, "O que Deus ainda quer que você saiba", compilamos assuntos que não foram tratados no primeiro volume ou que ainda precisam de explicação com maiores detalhes. O leitor mais "avançado" encontrará nessa parte informações valiosas para fazer os ajustes técnicos de voo e correções de rota para poder voar mais alto e mais longe. Quanto melhor conhecermos os recursos que o Senhor nos deu, mais bem equipados estaremos para pô-los em prática.

A terceira parte do livro, "Recursos práticos quando vier o que Deus quer", apresenta uma coletânea de artigos e dicas úteis principalmente voltados para o período do noivado. Incluem sugestões que se mostraram sábias e práticas ao longo dos anos.

Enfim, nosso desejo é que o conteúdo que for construído com base na Palavra de Deus seja recebido com fé. Reconhecemos que não somos os donos da verdade. O leitor tem o desafio de ser um crente "bereano" (At 17.11), que verifica por si mesmo se as Sagradas Escrituras comprovam as respostas. Nem sempre ele gostará das respostas que a Palavra oferece para as situações complicadas que a natureza humana e o próprio pecado fazem surgir em nossos dias. Cada um terá que tomar decisões sérias sobre a voz que escutar. Desejamos que as sugestões práticas —

bíblicas — aqui encontradas sejam um estímulo para você pensar diversos assuntos pertinentes ao namoro e ao noivado que Deus sempre quis.

PARTE 1

O que você sempre quis saber

Vamos ser francos. Namoro é um dos temas mais falados entre os jovens cristãos. As reações à abordagem repetitiva do tema combinam fascínio e cansaço. Por quê?

Acreditamos que o fascínio está relacionado ao interesse desperto na fase em que os jovens cristãos se encontram. O desejo sexual e o anseio por companhia dados por Deus se juntam num interesse visto em tantas perguntas sobre o relacionamento a dois. Portanto, ouvir sobre namoro é sempre fascinante.

Por outro lado, suspeitamos que o cansaço de ouvir sobre namoro está relacionado com a superficialidade romantizada com que um tema tão fascinante é tratado. Os princípios profundos da Palavra de Deus são frequentemente substituídos por, na melhor das hipóteses, sugestões repetitivas do bom senso comum. Ouvir sobre namoro com repetições distantes da sabedoria divina cansa a alma (cf. Pv 30.1-4).

Nosso objetivo nesta primeira parte é responder a perguntas bastante comuns e também a perguntas intrigantes sobre namoro e noivado. Esperamos trazer descanso aos jovens exaustos com o senso comum. Para isso, usamos o conteúdo sempre atual da Bíblia. Queremos desafiar jovens estagnados a aplicar a Palavra de Deus para que não parem de crescer e que façam uso de seu conteúdo profundo para trazer sabedoria divina a situações singulares do namoro e do noivado.

O que você irá perceber é que algumas respostas são uma aplicação direta de mandamentos claros da Bíblia. Outras respostas usam a sabedoria bíblica para persuadir você a um estilo de vida diferente. Esse estilo de vida diferente envolve um padrão de pensamentos e atitudes, e não simplesmente uma ordem pontual a ser obedecida (embora muitas vezes traduzido em atos claros de obediência). E ainda há aquelas respostas que refletem um ponto de vista cristão. Esse último tipo de resposta não envolve absolutos morais nem princípios indiretos da Palavra de Deus, mas, sim, uma cosmovisão cristã que interpreta o mundo ao nosso redor. De fato, as diferenças refletem a complexidade do assunto e o caráter inesgotável da Palavra de Deus.

Sabemos que ainda há muito para se pensar e situações específicas que desafiam nossa experiência sobre o assunto. Mas esperamos que a lista de perguntas a seguir provoque você, levando-o a pensar em como a sua situação singular encontra respostas em mandamentos diretos, em princípios indiretos ou numa forma de enxergar o mundo consistente com a Palavra de Deus.

PARA QUEM AINDA NÃO NAMORA

1. QUAL É A IDADE IDEAL PARA COMEÇAR A NAMORAR?

Qual é a idade de namorar? A Bíblia fala sobre isso?
É pecado namorar na adolescência?

O fato principal não é a IDADE, mas, sim, a MATURIDA-DE. Por isso, não podemos dizer que uma pessoa esteja pronta para namorar com 13, 15 ou 27 anos.

Para avaliar a questão, é necessário considerar vários fatores, entre eles:

1. **O PROPÓSITO do namoro em si.** Entendemos que "namoro" é um período especial que antecede e tem como objetivo o casamento. Por isso, entendemos que o namoro não é compatível com pessoas que ainda não têm condições de pensar em casamento.

2. **A DEFINIÇÃO de casamento.** O casamento bíblico é uma aliança indissolúvel séria, fechada entre duas pessoas do sexo oposto, selada diante de Deus e de testemunhas. Segundo Gênesis 2.24, há três aspectos envolvidos no casamento:

   a. DEIXAR pai e mãe e todos os terceiros com EXCLUSIVIDADE.

   b. UNIR-SE à outra pessoa com FIDELIDADE total.

c. CONSUMAR o relacionamento com INTIMIDA-DE, uma expressão físico-espiritual de compromissos assumidos entre ambos.

À luz da nossa definição de namoro, não são candidatas a um relacionamento sério com alguém do sexo oposto pessoas que não apresentam condições de deixar, unir-se e consumar, se não agora, pelo menos num futuro não tão distante.

3. **AS RESPONSABILIDADES do casamento.** Para justificar o namoro, deve haver um progresso significativo em direção à maturidade espiritual no sentido de desempenhar os papéis do casamento: liderança amorosa e sacrificial do homem; submissão respeitosa e encorajadora da mulher.

4. **AS DECISÕES MAIS IMPORTANTES DA VIDA.** Nossos relacionamentos visam à glória de Deus. O "jugo igual" em favor do reino de Deus implica algumas decisões prévias que garantam que a nossa união seja tão eficiente quanto possível. Conforme desenvolvemos no primeiro volume desta série, as três decisões mais importantes da vida são: Quem é seu mestre? Qual é sua missão? Quem será seu companheiro (marido/mulher) no cumprimento dessa missão? Mas essas decisões normalmente demoram, e a direção de Deus em nossa vida muitas vezes se revela passo a passo, ao longo dos anos. Embora haja exceções, no mundo em que vivemos é muito difícil que um rapaz ou uma moça tenham uma ideia clara de propósito de vida e vocação quando são adolescentes.

5. **O APROVEITAMENTO eficaz dos anos de desenvolvimento.** Um último fator diz respeito ao contentamento e ao aproveitamento de cada período de nossa vida. Uma forte tendência do nosso mundo é o desejo de acelerar tudo. Os juniores querem ser adolescentes; os

adolescentes querem ser jovens, e assim por diante. Talvez a puberdade precoce vista em países mais desenvolvidos testemunhe esse fato.

Por que correr tanto? O que queremos provar? Por que não desfrutar de cada fase? Diferente das sociedades agrícolas do passado, em que os jovens já tinham o conhecimento e as habilidades necessárias para sustentar uma família logo após a puberdade, no mundo pós-moderno complicado e tecnológico, essa capacidade muitas vezes está chegando bem mais tarde.

Também observamos uma forte tendência em começar a namorar cedo, mas demorar cada vez mais para casar. O resultado muitas vezes são anos e anos de frustração, pois o propósito principal do namoro — que é o casamento — fica cada vez mais distante. É um conjunto volátil demais no qual só jogamos mais e mais combustível.

Considerando todos esses fatores, começamos a questionar como dois adolescentes poderiam começar um relacionamento numa idade que tem pouquíssima chance de progredir até o casamento, e que provavelmente terminará com muitas perdas — de amizades, relacionamentos entre famílias, pureza sexual, tempo e dinheiro. Embora não haja nenhuma "regra" bíblica a esse respeito, desaconselhamos, ao observar o mundo de hoje, o namoro entre adolescentes e encorajamos os jovens a que avaliem muito bem sua situação de vida antes de iniciar esse tipo de relacionamento.

2. EXISTE UMA DIFERENÇA DE IDADE IDEAL?

Qual o problema de namorar alguém muito mais velho ou muito mais novo que eu? Até que ponto a diferença de idade é um problema?

A diferença de idade entre duas pessoas que querem namorar faz surgir alguns pontos de atenção que precisam ser avaliados com cautela. Assim como na questão da idade ideal para começar um namoro, o problema não se resolve na compatibilidade das datas de certidão de nascimento, mas nas evidências de MATURIDADE e cautelas da SABEDORIA.

A questão da MATURIDADE já foi suficientemente abordada na pergunta 1. Se você está pensando em namorar alguém cuja diferença de idade parece ser grande, procure evidências de maturidade antes de tudo. Alguém maduro deve entender o propósito do relacionamento, estar pronto para assumir responsabilidades que os direcionem ao casamento, pronto para as decisões mais importantes da vida e para desfrutar de um relacionamento de namoro que vise ao casamento. Não procure apenas respostas verbais para esses pontos, mas evidências práticas de alguém que caminhe nessa direção. Por vezes, vemos jovens com o discurso correto, mas com uma vida distante do caminho rumo à maturidade. O discurso deve estar alinhado com a conduta!

Uma vez que ambos são maduros para começar a namorar, eles também estão prontos para pensar com maturidade se o início de um namoro com uma grande diferença de idade é o que de fato querem. Ou seja, o namoro entre duas pessoas com uma grande diferença de idade é também uma questão de SABEDORIA. Provavelmente se trate de duas pessoas que já se gostam e que tenham desenvolvido certo nível de sentimento um para com o outro. Isso pode ser um obstáculo para uma avaliação objetiva e realista, que normalmente é ofuscada pelas promessas românticas do tipo: "no final tudo vai dar certo"! Por outro lado, não há nada de pecaminoso em namorar alguém bem mais novo ou bem mais velho que você. Por isso, acreditamos que, seja qual for a decisão nesse caso, o casal avalie com sinceridade os possíveis pontos de tensão durante o processo decisório:

1. **Relógio biológico.** A grande diferença de idade pode trazer um descompasso no relógio biológico de ambos. Isso não é moralmente condenado pela Bíblia, mas é um ponto de atenção que a sabedoria nos incentiva a avaliar. Dependendo da situação, a grande diferença de idade pode trazer pressão de ordem sexual futura ou até mesmo impactar o planejamento familiar num desencontro de idade fértil entre os dois. Esses pontos precisam ser considerados para que sejam feitas as devidas precauções, para que as expectativas sejam ajustadas e ninguém seja tomado de surpresa ou se sinta enganado com o "no final tudo vai dar certo"!

2. **Distorção dos papéis.** A grande diferença de idade pode trazer uma distorção nos papéis do homem e da mulher na condução do relacionamento. Uma moça muito mais velha pode querer "tomar as rédeas" do relacionamento com base em sua experiência de vida. No entanto, o papel do homem não depende de sua experiência de vida, mas, sim, das instruções divinas baseadas na ordem da criação.

3. **Estágios de vida.** Estágios de vida diferentes ressaltarão os problemas de comunicação. Os problemas de comunicação tornarão evidentes um problema do coração. Por isso, os diferentes estágios de vida levantarão questões do coração que não podem ser confundidas ou tratadas como mera diferença de idade.

4. **Interesses.** A grande diferença de idade pode ser vista na presença de interesses triviais diferentes e de um possível desencontro entre o que cada um valoriza. Assim como no item anterior, o problema não é o interesse diferente, mas o egoísmo do coração. Interesses diferentes exigirão a prática do amor genuíno e são oportunidades de crescimento para ambos. Considerar o outro superior a si mesmo é o exercício cristão em situações como essas (cf. Fp 2.1-4).

5. **Críticas.** As críticas vindas de pessoas imaturas e mal-intencionadas podem machucar. Alguém hipersensível à avaliação de pessoas precisa blindar o coração com as verdades da Palavra de Deus.

6. **Culpa.** Pode ser que durante a avaliação de um namoro nessas condições um dos dois decida que esse não é o caminho que gostaria de trilhar. No entanto, a suposta "culpa" de ter iniciado uma conversa com, ou nutrido interesse por, alguém bem mais velho ou mais novo pode movê-lo a um relacionamento por medo de trazer dor ao outro. Não se engane. A verdade é sempre o melhor caminho. Se, debaixo de orientação e oração, os dois ou um dos dois chegarem à conclusão de que esse não é o caminho, a verdade precisa ser tratada. Acredite: você não deve construir um relacionamento cuja base seja a culpa.

Esses são apenas alguns pontos que precisam ser considerados no caso de uma diferença de idade significativa. O que fica evidente é que o namoro entre duas pessoas com grande diferença de idade precisa considerar que o maior problema não é a diferença de idade, mas, sim, corações que precisam de transformação. Sugerimos que você se cerque de pessoas sábias que os conheçam bem e que possam apontar áreas que precisem de comunicação honesta; desse modo, será construído um relacionamento santo e saudável.

3. O QUE É MELHOR: NAMORAR OU FAZER A CORTE?

Afinal de contas, vocês são a favor do namoro ou de fazer a corte?

A grande dificuldade de falarmos sobre namoro é a falta de um correspondente direto na Palavra de Deus. Ou seja, não existe um termo grego, hebraico ou aramaico para "namoro" na Bíblia. Por isso, alguns acabam por tirar o termo "namoro" de seu vocabulário, na tentativa de serem mais bíblicos. A motivação é positiva, mas nem sempre produtiva.

Nossa cultura é diferente das culturas que serviram de contexto histórico para os textos bíblicos. Isso não invalida os princípios da Palavra de Deus, mas justamente nos ajuda a entender de fato quais são os princípios e como eles se aplicam a nós hoje. Por isso, podemos dizer que a Bíblia não fala nada de namoro, mas tem tudo sobre namoro. Embora não encontremos nela o termo "namoro", ela é suficiente em apontar nosso Redentor como caminho para uma vida agradável a Deus em tudo, inclusive nos assuntos pertinentes àquilo que chamamos de namoro (cf. 2Pe 1.3,4).

Portanto, mais importante que os termos que usamos (sem desconsiderar sua importância) é o conceito por trás dos termos e os princípios que dirigem nossa prática. No primeiro livro, sugerimos uma definição, na tentativa de esclarecer o que acreditamos ser o namoro segundo os princípios bíblicos: "Namoro é o período de relacionamento que envolve duas pessoas do sexo oposto com o objetivo de se prepararem para o casamento".[1]

Muitas vezes, somos questionados por jovens defensores da "corte" que definem sua prática de forma muito semelhante ao que entendemos por "namoro". Por isso, se no seu contexto o termo "namoro" é visto como algo negativo, não temos problema algum com o uso de um novo (e antigo) termo, desde que seja pautado pelos princípios eternos e suficientes da Palavra de Deus. São esses princípios que nos conduzem a Jesus Cristo, Senhor do namoro, da corte, do casamento e do universo.

---

[1] MERKH, David e MENDES, Alexandre. *O namoro e o noivado que Deus sempre quis*. São Paulo: Hagnos, 2014, p. 18.

4. EXISTE AMOR À PRIMEIRA VISTA?

Existe amor para a vida toda à primeira vista?

A princípio, à luz da definição bíblica do amor, nos parece difícil que haja amor genuíno à primeira vista. O amor é uma decisão profunda de relacionamento que implica altruísmo total, ou seja, um compromisso assumido diante de Deus de procurar sempre o bem do outro, custe o que custar. Não se baseia em "aparências", mas, sim, em amizade e intimidade desenvolvidas ao longo do tempo (leia 1Co 13.4-8).

O que normalmente existe à primeira vista é paixão, atração física, explosão hormonal e encantamento romântico, levando ao desejo de desenvolver uma amizade ou relacionamento maior. Não há necessariamente nada de errado com esses sentimentos de atração (cf. Ct 1.2-4,5-7). Mas não se constrói um relacionamento duradouro somente sobre eles. São necessários tempo e compromisso para provar o amor no longo prazo.

Por isso, se você se encontra apaixonado à primeira vista, é hora de "respirar fundo", e não de "suspirar profundo"! Embora nossas emoções não sejam inerentemente erradas, elas podem nos enganar no processo decisório de namoro. Normalmente, nossas emoções seguem nossos tesouros. O que você crê ser importante guiará seus desejos, e estes influenciarão suas emoções. Portanto, é bem provável que você esteja apaixonado por algo que não seja fundamental (caráter, por exemplo, é muito mais importante que aparência física), pois o que é fundamental não se conhece "à primeira vista" (cf. Pv 31.30).

Seja honesto em sua autoavaliação: o que o atraiu nessa pessoa? O que vem à sua mente em primeiro lugar quando pensa nela? Preste atenção! Suas emoções estão lhe dando informações importantes sobre o estado de seu coração. Não seja guiado pelas emoções, mas lidere as emoções pela verdade da Palavra de Deus. Assim, vocês irão desfrutar de emoções saudáveis e cultivadas pela verdade bíblica.

5. A QUEM E QUANDO UMA PESSOA DEVE SE DECLARAR?

Faz tempo que gosto de um rapaz que faz parte do mesmo grupo de jovens que eu. Mas acho que ele não faz a mínima ideia de meu interesse, mesmo sendo amigos há muitos anos. Sei que os tempos mudaram, e muitas das minhas amigas acham que eu devo me declarar, mas ainda tenho dúvidas. O que devo fazer?

QUEM

Embora os rapazes também lutem com a questão de quando se declarar, na nossa cultura (e também na maioria das culturas do mundo) a dificuldade maior é das moças quando se trata de manifestar abertamente o interesse pelo sexo oposto. O tabu contra as mulheres serem mais "diretas" ainda paira sobre elas, e há boas razões por trás disso. A linha é muito tênue entre a comunicação aberta e franca e a postura ousada que pode ser mal interpretada.

Quando se trata de uma declaração feita pela moça, o precedente estabelecido pode ser muito ruim. À luz de Gênesis 1—3, Deus fez o homem para ser o líder no relacionamento a dois. A iniciativa tomada pela mulher pode ser um fator negativo num futuro relacionamento. Ou seja, o início com a liderança da mulher pode estabelecer uma prática no futuro namoro e no futuro casamento marcada pela iniciativa e liderança femininas.

Isso não significa que a moça não tenha nada a fazer enquanto o rapaz não toma a iniciativa. Esperar não significa que a moça está fadada a agonizar enquanto o rapaz "não se mexe". Para isso, no entanto, a moça precisa fazer distinção entre uma postura sedutora e uma postura atraente. A postura sedutora é a marca da insensatez, mas a postura atraente é a evidência da sabedoria. Nós encorajamos as moças a que esperem, tendo uma postura atraente.

A postura sedutora é caracterizada por uma iniciativa inapropriada (leia Pv 5.3-6; 6.23-25; 7.6-23). Ela quer garantir o relacionamento a todo custo. Faz uso da manipulação e do visual exagerado. No entanto, a postura sedutora não atrairá um homem de Deus, mas seduzirá o tolo. Se você quer um relacionamento saudável, construa um caráter atraente para o homem de Deus. Você sabe o que ele está procurando? O homem de Deus será atraído por uma moça sábia.

A postura atraente da moça será vista na construção de um espírito dócil, diligente e manso (cf. Pv 31.10-31; 1Pe 3.1-6). Em vez de roer suas unhas porque ele não se declara, ocupe seu tempo arregaçando as mangas para construir um caráter piedoso. Num segundo momento, é parte de uma feminilidade madura estar disposta a seguir o convite do rapaz, correspondendo às interações dele com docilidade que constrói uma ponte para novos contatos. Não se engane, esperar um convite envolve vestir-se de um caráter atraente, e não de uma postura sedutora.

Então, enquanto espera, faça algo! Revista-se do caráter de Cristo (cf. Rm 13.14), ore a Deus por um companheiro, procure orientações de seus líderes e pessoas maduras a seu redor. A mulher virtuosa é conhecida na comunidade e não precisa fazer "autopropaganda". Sua segurança está em Cristo.

QUANDO

Temos notado uma tendência cada vez maior entre adolescentes e jovens — tanto nos rapazes como nas moças — de se declararem aberta e publicamente a alguém antes da hora. Em termos gerais, não parece ser uma prática desejável, por várias razões:

— Pode causar um constrangimento desnecessário para ambos.

— Pode "assustar" a outra pessoa a ponto de prejudicar a amizade que até então existia.

— Pode ser interpretado como um "sinal verde" num relacionamento precoce, sem que tenha havido o amadurecimento necessário e saudável próprio de um relacionamento duradouro. Quem se declara rapidamente, pode também terminar rapidamente.

Tudo isso simplesmente significa que deve haver muito cuidado quando se toma a iniciativa de se declarar a alguém. Em termos gerais, se acontecer, deve ser a) em particular; b) de forma humilde e não constrangedora; c) com muita oração e disposição de ouvir um "não"; d) com o propósito de não deixar que uma reação negativa estrague o relacionamento que já existe.

6. O QUE FAZER NA FASE "PRÉ-NAMORO"?

Sei que ainda não chegou a hora de namorar, por vários motivos. Mas gosto muito de uma jovem da minha mocidade, e acho que ela também gosta de mim. O que devemos fazer nesta fase "pré"? Dizer que estamos "orando"? Existem algumas diretrizes? Ou cuidados?

A fase "pré-namoro" pode deixar todo mundo sem jeito — o casal, os pais, os conselheiros, os amigos e outros possíveis candidatos. Precisa ser cuidadosamente conduzida para não ultrapassar limites, machucar outros amigos, viver uma mentira, desonrar autoridades, podar liberdade ou desviar a atenção de outras prioridades na vida. Para manter esse equilíbrio, oferecemos alguns conselhos:

1. Estabelecer um acordo entre vocês dois e, se possível, diante de alguns amigos, pais ou líderes, sobre alguns limites em termos de tempo juntos, conversas pela internet ou celular, para que não se tornem um casal antes de serem um casal de fato.

2. Pedir a duas ou três pessoas de confiança que sejam parceiros de prestação de contas sobre o tema.

3. Falar abertamente com pais e conselheiros sobre o relacionamento, pedindo seu envolvimento e conselho.

4. Evitar conversar com a possível futura namorada (ou possível futuro namorado) sobre assuntos mais íntimos, inclusive casamento.

5. Evitar contato físico que possa gerar expectativas que ainda não podem ser realizadas na vontade de Deus.

6. Continuar desenvolvendo sua amizade, sem maiores compromissos, especialmente em atividades com grupos maiores, em contextos ministeriais, procurando servir a outros e não ficar isolados.

7. Orar muito para que Deus oriente ambos para um namoro que o glorifique na hora certa.

8. Perseverar na construção de um caráter agradável ao Senhor.

7. E SE AS DIFERENÇAS SÃO GRANDES DEMAIS?

Sei que os opostos se atraem. Mas as diferenças podem ser grandes demais para serem superadas num relacionamento? Por exemplo, uma diferença considerável de idade (mais de 10 anos), ou diferenças étnicas. O que dizer sobre diferenças de classe social? Por exemplo, a moça é da classe A e o rapaz da classe C. Ou em áreas de interesse (esportes, música, cultura etc.)?

Não existe nenhuma regra ou fórmula que possa traçar os limites entre "diferenças complementares" e "diferenças conflitantes". Quando Deus fez Eva como ajudadora adequada (cf. Gn 2.18), ele a fez como complemento ideal, alguém suficientemente semelhante a Adão para ser sua companheira, mas suficientemente diferente para complementá-lo e ajudá-lo (cf. Gn 2.15-20). Ou seja, ela foi criada para aperfeiçoá-lo e ajudá-lo nas tarefas que Deus lhe deu. Nesse sentido, os opostos realmente se atraem, e as diferenças são ferramentas úteis nas mãos do Senhor para conformá-los à imagem de Cristo. O que temos visto na prática do aconselhamento conjugal é que a forma com a qual Deus une pessoas diferentes é mais uma demonstração de seu amor sábio em trabalhar o caráter de Cristo na vida do casal.

Mas, quando as diferenças se tornam foco de constante conflito, ou quando o casal está sempre brigando por causa dessas diferenças, ou o que distingue cada um não mais serve de atração, e sim de divisão, então o casal precisa avaliar se ultrapassou os limites de um relacionamento saudável. Nesse caso, as diferenças exercem pressões intensas demais no coração dos envolvidos. Portanto, os conflitos são o resultado das condições do coração, e não das diferenças (cf. Mc 7.21-23; Tg 4.1-3). Para caminhar numa situação assim, é necessário desenvolver a comunicação do casal para tratar as verdadeiras raízes dos conflitos. Uma vez que sejam devidamente tratadas, então acreditamos que o casal esteja na posição de decidir se quer realmente conviver com as diferenças expostas.

Por exemplo, a questão de diferença de idade pode ser um grande problema quando a diferença representa gostos, *hobbies*, disposição, tempo e interesses totalmente diferentes por pertencerem a gerações distintas (veja mais detalhes na pergunta 2). Mas é possível que uma pessoa mais jovem tenha os mesmos interesses de alguém de uma geração anterior.

O casal "misto", ou seja, de etnias ou classes sociais diferentes, precisa reconhecer de antemão que alguns na nossa sociedade, infelizmente, ainda guardam preconceitos e que seu relacionamento pode ser objeto de piadas sem graça ou, pior, ridicularização e perseguição. Não significa que o relacionamento não vá funcionar, mas que o casal terá que estar preparado para lidar com essa realidade.

Por outro lado, é possível que o casal esteja confiante por ser feito um para o outro. Isso pode trazer falsa segurança ao relacionamento quando os pontos de conflitos são mascarados por uma suposta gama de afinidade. Não nos entenda mal — afinidades são positivas e contribuem muito para a construção do relacionamento. Mas, quando são superficiais, podem esconder pontos de conflito presentes e futuros.

Para ajudá-lo, pense mais uma vez no que realmente é importante na construção de um relacionamento para a glória de Deus. Muitos dos *hobbies* e interesses não são vitais para a construção de um relacionamento e, francamente, alguns deles são até prejudiciais. Por isso, insistimos em que a "compatibilidade" seja construída sobre o fundamento do mesmo mestre e missão. Isso o protegerá contra afinidades superficiais e oscilações de gostos que temos ao longo dos diversos estágios da vida. Acredite, você não gostará dos mesmos *hobbies* durante toda a sua vida! Mas deve sempre ter o mesmo mestre e missão! Lembrem-se: se os dois sempre concordarem — um deles é desnecessário!

No fim, "cada caso é um caso". A multidão de conselheiros mais uma vez poderá servir de grande ajuda para apontar possíveis problemas e desafios que determinem quando "diferente" é diferente demais.

8. COMO SABER A VONTADE DE DEUS?

Tenho 26 anos de idade. Estou interessado numa jovem de outra igreja e denominação, com quem tenho orado e passado muito tempo. Mas ela não quer dar um passo em direção ao namoro sem uma manifestação clara de que essa seja a vontade de Deus. O que devo fazer?

Primeiro, concordamos (em parte) com sua amiga quanto à necessidade de uma "manifestação do Senhor" sobre o relacionamento. Mas questionamos a maneira pela qual essa "manifestação" virá. Será que ela está esperando um sentimento? Uma voz do céu? Paz? Um sinal milagroso?

Cremos que Deus já nos deu bastante respaldo em sua Palavra para nos orientar em decisões como namoro, noivado e casamento. O perigo vem quando alguém enfatiza "manifestações claras" e ignora os passos básicos já revelados na Bíblia para construir um relacionamento estável.

Explicamos mais sobre a natureza da vontade de Deus e como descobri-la no primeiro volume de *O namoro e o noivado que Deus sempre quis*. Mas podemos apontar algumas peneiras que ajudam a determinar a vontade de Deus em relacionamentos. Por exemplo:

1. O que as autoridades que DEUS pôs no caminho de vocês dizem sobre o relacionamento?

- **Os pais**: são as pessoas mais diretamente estabelecidas por Deus para orientá-los. O que dizem?
- **Os pastores/líderes espirituais**: vocês têm buscado o conselho deles?
- **A multidão de conselheiros piedosos**: qual é a palavra de sabedoria que seus líderes espirituais oferecem?

2. Vocês estão dentro dos parâmetros de relacionamento estabelecidos por Deus?

   Trata-se de um jugo igual, não somente entre dois "crentes", mas também com a mesma visão de reino e seu envolvimento nele, com perspectivas doutrinárias semelhantes ou iguais?

   O relacionamento é puro, construído sobre uma base de amizade mais do que sobre intimidade física?

   O relacionamento está provocando melhoras no caráter de ambos? É um relacionamento inclusivista ou exclusivista?

3. Caso tudo acima tiver "luz verde", cremos que existe bastante liberdade (dentro da vontade revelada de Deus) para tomar uma decisão sábia, de compromisso mútuo. Claro que atração física entra aqui (veja Cantares: [...] *não acordeis nem provoqueis o amor até que ele o queira* — Ct 2.7;3.5;8.4), assim como os sentimentos. Mas emoções e sentimentos não podem ser a BASE do relacionamento, pois de quando em quando tendem a vacilar.

Em segundo lugar, apesar de sua idade, será muito melhor você esperar o tempo de Deus do que correr na frente ou insistir num relacionamento antes do tempo. Sempre nos parece melhor ir devagar do que avançar rápido demais num relacionamento sério (leia Pv 19.2).

Finalmente, vocês estão fazendo muito bem orando juntos, buscando a Deus juntos, envolvendo outras pessoas no relacionamento, sempre esperando em Deus. Não cremos que as diferenças de personalidade sejam suficientes, *a priori*, para um afastamento (os melhores casamentos são entre pessoas bem diferentes). Talvez a questão denominacional seja uma preocupação legítima que deverá ser tratada (veja a pergunta 32). Continuem firmes e debaixo da direção de Deus!

9. EM QUE DEVO PRESTAR ATENÇÃO?

Todo mundo fala que eu tenho que conhecer a pessoa e gastar tempo com ela. Mas, afinal de contas, em que tenho de prestar atenção?

Essa é uma pergunta importante que poderia ser respondida com um (ou mais) livros. Esperamos ter abordado parte da resposta no volume *O namoro e o noivado que Deus sempre quis*. No entanto, reconhecemos a necessidade de uma resposta resumida e que sirva de guia para orientá-lo nessa abrangente pergunta.

De forma geral, você precisa aprender a observar como a pessoa age e reage nos quatro relacionamentos principais que compõem sua essência como indivíduo: com Deus, com os outros, consigo mesma e com as circunstâncias.

1. **Com Deus.** Como a pessoa se relaciona com Deus? O relacionamento com Deus não é um conceito vago. De certa forma, esse relacionamento governa os demais aspectos da vida de alguém. Preste atenção no que a pessoa fala: *Pois a boca fala do que o coração está cheio* (Mt 12.34). Observe se existe vitalidade em seu relacionamento com Deus. Normalmente, a saúde do relacionamento com Deus é

refletida na prática das disciplinas espirituais (oração, leitura da Palavra, meditação etc.). Mas cuidado! Sabemos que é possível praticar as disciplinas espirituais de forma farisaica e distante do Senhor! No entanto, não é possível estar perto do Senhor sem a prática das disciplinas espirituais.

2. **Com outros.** Outro aspecto importante e relacionado com Deus é o trato com outras pessoas. A qualidade dos relacionamentos horizontais reflete a qualidade do relacionamento vertical. Ou seja, a forma de alguém se relacionar com as pessoas nos dá pistas da qualidade do relacionamento com o Senhor (cf. 1Jo 1.7). No entanto, assim como na prática das disciplinas espirituais, é possível se enganar nesse aspecto. Alguém que se dá bem com as pessoas pode mascarar um relacionamento distante com o Senhor. Mas alguém que não se dá bem com as pessoas certamente está distante do Senhor. Por isso, é muito importante que você avalie como essa pessoa se relaciona com os demais. Ela evidencia o fruto do Espírito Santo em seus relacionamentos (cf. Gl 5.22,23)? O que os outros dizem sobre ela? Como ela interage com os pais e a família? Normalmente, a pessoa virtuosa é reconhecida pela comunidade (cf. Pv 31.28-30).

3. **Consigo mesma.** Como se vê? Tem uma visão vaidosa de si mesma? (Rm 12.3) Uma visão errada de si mesma criará exigências no relacionamento que trarão dificuldades para o cumprimento do propósito final: espelhar e espalhar a glória de Deus na terra.

4. **Com as circunstâncias.** Como a pessoa reage aos problemas? Desiste com facilidade? Recusa aceitar o não como resposta, numa atitude obstinada? O que a deixa feliz? O que a deixa triste? Ela é capaz de ver o agir de Deus em meio aos problemas? Quando algo não sai do jeito que esperava, demonstra contentamento? Enfim, como ela interage com as circunstâncias ao redor? Com contentamento? Com gratidão? Ou com murmuração?

Essas são apenas quatro grandes áreas que apontam para o caráter. Ao procurar conhecer alguém, não se esqueça de que todos estamos em um processo (Fp 1.6). Por isso, não procure perfeição, mas busque por sinais de crescimento nessas áreas. De fato, todo esse processo começa com o desenvolvimento de SEU caráter. Enquanto procura a pessoa certa, você precisa SER a pessoa certa, crescendo dia após dia à imagem de Jesus.

Finalmente, lembre-se de que o mais importante não é onde a pessoa está hoje, e sim para onde ela está caminhando. Observe, ore e reconheça as evidências da graça de Deus com humildade, sabendo que o Deus que opera em sua vida opera também na vida do candidato a namoro.

10. PRECISO PEDIR PERMISSÃO DOS PAIS DA MOÇA?

Sei que, antigamente, era costume o rapaz solicitar permissão do pai da moça para poder "cortejá-la". Os tempos mudaram. Ainda existe necessidade disso?

A sabedoria bíblica e a responsabilidade dos filhos diante dos pais ditam que sim — ainda faz sentido o rapaz respeitar a autoridade dos que são responsáveis pela moça. Pode haver situações excepcionais (por exemplo, uma moça que não vive com seus pais há muitos anos ou cujo pai abandonou a família anos antes), mas, em geral, o dever do casal é alinhar-se à autoridade paterna.

Além das exigências bíblicas quanto a honra e obediência aos pais (cf. Ef 6.1-3), o padrão que permeia as Escrituras mostra a figura do pai como protetor da filha em diversos níveis (por exemplo, Êx 22.16,17; Dt 22.13-21), o que inclui também a proteção contra os votos irrefletidos por parte da moça (cf. Nm 30.2-15).[2] Ou seja, a Palavra de Deus atribui ao pai a garantia do bem-estar e da pureza da moça. Se ele tem essa responsabilidade, podemos assumir que ele também tem a autoridade nessa questão.

---

[2] BAUCHAM JR., Voddie. *O que ele deve ser... se quiser casar com minha filha*. Brasília: Monergismo, 2012, p. 72-73.

Além do mais, o bom senso nos ensina que os pais são as pessoas que mais conhecem e amam a candidata ao namoro e que mais zelam pelo seu bem-estar. Ela é preciosa para os pais, é foco de seus cuidados, treinamentos, sacrifícios e carinho durante duas décadas ou mais. Somente um tolo forçaria sua entrada nesse relacionamento sagrado sem ser autorizado e convidado.

Você também precisa considerar que a Palavra de Deus estabelece um padrão de comunicação de sabedoria por parte dos mais velhos para com os mais jovens. Normalmente, esse padrão toma forma dentro do relacionamento de pais e filhos (veja a ênfase do livro de Provérbios). Embora a idade não garanta sabedoria, o relacionamento de pais e filhos acaba sendo o relacionamento com maior exposição na comunicação de sabedoria. Também é o teste mais evidente de sua disposição em se submeter. Por isso, encare o pedido de autorização do pai da moça como uma oportunidade de solicitar a sabedoria dos mais velhos. Os jovens precisam de humildade para ouvir genuinamente os conselhos dos pais. Não se trata, portanto, de buscar um "selo de aprovação" para fazer o que quiser, mas buscar a autorização tendo em vista a sabedoria dos pais (cf. 1Pe 5.5).

A forma dessa solicitação varia de caso a caso. Normalmente, uma conversa individual e particular com o pai da moça será mais apropriada. Mas, se a distância não permitir, então uma conversa por telefone ou via internet seria a segunda opção.

Talvez você pense: "Mas os pais dela não são cristãos. Será que vão entender?" Certamente você terá que ser sábio nesse caso, mas o fato de você mostrar-se submisso a eles pode servir de grande testemunho.

Da mesma forma, a moça deve mostrar-se humilde e responsável diante dos pais do rapaz, visando à submissão e ao respeito mútuos.

O casal cujo relacionamento começa bem tem maior probabilidade de continuar bem por muito tempo.

11. O QUE FAZER COM PAIS INDIFERENTES?

Quero muito que meus pais façam parte do meu relacionamento, mas eles parecem não se importar. Eu preciso contar tudo a eles mesmo assim?

Ficamos felizes que você tenha entendido a importância de ter seus pais envolvidos nesse processo. Isso é evidência da graça de Deus trabalhando em seu coração. No entanto, a falta de interesse de seus pais também precisa ser considerada do ponto de vista bíblico.

Antes de mais nada, seria interessante você verificar se é uma falta de interesse de fato ou apenas aparente. Por vezes, encontramos pais omissos por causa do medo que têm de conversar com seus filhos sobre esse assunto ou simplesmente por ignorância de como fazê-lo. Claro que nada disso justifica a atitude que venham a tomar, mas explica muito da postura que adotaram. Para ambas as situações, seus pais podem crescer e aprender como ajudá-lo. Essa é, inclusive, uma das razões pelas quais nos propusemos a escrever o primeiro livro, *O namoro e o noivado que Deus sempre quis,* e este volume que você tem em mãos. Uma sugestão prática é chamá-los para conversar e dar um exemplar desses livros a eles, contando a razão pela qual está fazendo isso. Convide-os a acompanhá-lo nessa jornada até o altar. Essa seria uma forma de honrá-los e se abrir para a instrução deles.

Mas e se seus pais realmente não têm interesse em se envolver? Alguns pais não enxergam com clareza o papel que devem desempenhar. Para muitos, é suficiente dar a você comida e um pouco de estudo com o objetivo de prepará-lo para a vida dura. É assim que muitos pais foram educados por seus pais e, por isso, acabam por imitar o que aprenderam em relação a seus próprios filhos. Ainda assim, acreditamos que é importante você buscar uma forma de envolvê-los sempre que tiver oportunidade.

Não se esqueça de que o Senhor pode começar um novo ciclo nas gerações de sua família. Essa é a esperança trazida pelo evangelho. Mesmo diante da indiferença dos pais, você tem em Cristo tudo o que precisa para tomar decisões diferentes (cf. 1Pe 1.18). O sangue de Jesus é poderoso para começar uma nova história em sua família. Aliado a isso, você pode contar com cristãos maduros de sua igreja para ajudá-lo e aconselhá-lo nesse início de relacionamento (leia Tt 2.1-5).

12. E SE OS PAIS NÃO CONCORDAM?

Estou apaixonado por uma jovem que estuda comigo, mas a mãe dela, viúva, não quer abençoar nosso namoro de forma alguma. Percebo que se trata de ciúme, ou talvez medo de "perder" a filha. Faço de tudo para respeitar sua mãe, mas não sei mais o que fazer. Alguma sugestão?

Essa talvez seja uma das perguntas mais difíceis que um jovem casal pode enfrentar. Há muitos fatores envolvidos na questão, e é necessário ter muita sabedoria. A nossa tendência é dizer que nenhum relacionamento deve avançar sem a "bênção" dos pais. Alguns pais passivos talvez se recusem a "abençoar", mas também não se opõem.

Baseamos nossa opinião nos muitos textos que deixam claro que Deus é soberano, que ele estabelece as autoridades que existem (pais, pastores/presbíteros e poderes civis) e que ele os direciona para cumprir sua vontade na terra (Rm 13.1-7; 1Pe 2.11-17; Hb 11.13-16; Pv 21.1). Os filhos são chamados a obedecer a seus pais e honrá-los (Ef 6.1-3). É notável que as Escrituras mencionem esse mandamento não menos de NOVE VEZES.[3] O quinto mandamento que exige

---

[3] Êx 20.12; Dt 5.16; Ml 1.6; Mt 15.4; Mt 19.19; Mc 7.10; 10.19; Lc 18.20; Ef 6.2.

essa honra serve de "dobradiça" na Tábua da Lei, unindo o amor a Deus (mandamentos 1 a 4) e o amor ao próximo (mandamentos 6 a 10).

E se os pais não gostam do namorado, mas não o proíbem de namorá-lo? Nesse caso, terá que avançar com muito cuidado. O casamento une famílias, e a perspectiva de uma vida inteira pela frente num convívio de tensão não anima muito. Seria prudente fazer todo o possível para "ganhar" os pais com atitudes de submissão, respeito e obediência; não para manipulá-los, mas, sim, para conseguir seu apoio alegre no relacionamento.

Mas e quando os pais não são cristãos? Quando tomam suas decisões baseadas em motivos egoístas, racistas ou preconceituosos? Ou quando exigem algo contra a vontade de Deus, como o jugo desigual ou a prostituição? Até que ponto o cristão está "preso" a pais descrentes? Reconhecemos que há casos que podem ser considerados excepcionais e que a sabedoria bíblica terá que ser aplicada em cada situação. Talvez haja exceção, quando todas as outras autoridades na vida, aliado à multidão de conselheiros, se alinham a favor do relacionamento, e um pai rebelde e ímpio, por motivos egoístas, recusa dar sua bênção. Mas preferimos pensar que é responsabilidade do casal fazer tudo o que puder para conseguir esse apoio e depois descansar no poder de Deus, a fim de que ele abra a porta com a autorização dos pais no tempo dele, por ser ele muito capaz de transformar o coração dos pais quando e como quiser (Pv 21.1).

13. E SE OS RAPAZES SÃO PASSIVOS DEMAIS?

Os rapazes do meu convívio na igreja não tomam a iniciativa ou não demonstram nenhum interesse em relacionamentos sérios. O que deve ser feito para que sejam mais proativos em questões sentimentais, sem que tenhamos de sair da posição de mulher?

Esse problema é extremamente comum! Fica difícil diagnosticar todas as razões, mas parece que muitos rapazes cristãos tendem para o lado da passividade inerte como resultado da combinação desastrosa de uma cultura feminilizada e corações pecaminosos. Mesmo que alguns tabus antigos estejam mudando, e mais e mais moças estejam tomando a iniciativa nos relacionamentos (atitude com a qual não concordamos), continua sendo bem difícil para a jovem cristã. A falta de iniciativa no caso de alguns pode se dar simplesmente pelo fato de que ainda não estão prontos para pensar em um relacionamento sério visando ao casamento. Outros talvez estejam paralisados pelo medo (o temor aos homens — ou melhor, o temor às mulheres!), e outros, acuados pela falta de experiência e de convívio com o sexo oposto.

Tratar desses assuntos abertamente em encontros e classes de jovens na igreja pode ajudar a "abrir o jogo". Falta a muitos rapazes a compreensão do que é a masculinidade bíblica. É triste quando vemos meninos se casando e tentando fingir que são homens simplesmente porque agora podem fazer sexo ou pagar suas próprias contas. A verdadeira masculinidade precisa ser ensinada em casa e na igreja: "No coração da masculinidade madura, há um senso de responsabilidade benevolente para liderar, sustentar e proteger mulheres, de maneira apropriada aos diferentes relacionamentos do homem."[4]

Além disso, também achamos muito proveitoso promover intercâmbios com jovens de igrejas irmãs ou associadas, ou participar de eventos como congressos, retiros e acampamentos que reúnam muitos jovens. Às vezes, basta ver alguém de outra comunidade valorizando o que é "da casa" para motivar os rapazes a se mexerem!

Enquanto isso, não se desespere pensando que nunca irá encontrar seu "príncipe encantado". Deus continua sendo soberano, e ele providenciará a pessoa certa no tempo dele. Mas, enquanto ora, não se esconda. E pense na possibilidade de conversar com seus líderes ou pastor sobre a possibilidade de pôr algumas dessas sugestões em prática.

Continue desenvolvendo a verdadeira feminilidade bíblica: "No coração da feminilidade madura, há uma disposição libertadora de afirmar, receber e cultivar a força e a liderança de homens dignos, de maneira apropriada aos diferentes relacionamentos da mulher".[5] Sua participação em atividades como as descritas pode ser exatamente o que o médico receitou.

---

[4] PIPER, John. *Qual a diferença?* Niterói: Tempo de Colheita, 2010, p. 21.

[5] Ibid., p. 43.

14. COMO LIDAR COM A POSSIBILIDADE DE NAMORO A DISTÂNCIA?

Por uma série de circunstâncias inesperadas, acabei conhecendo uma jovem que mora a 1.500 km da minha cidade. Temos desenvolvido nosso relacionamento através de mídias sociais, mensagens de texto e ligações, mas não sei se há futuro nesse tipo de relacionamento. Algum palpite?

É possível, mas difícil, manter um relacionamento sério de namoro, que vise ao casamento, a distância. Existem algumas vantagens (veja a próxima pergunta) e também desvantagens que podem ser vencidas, desde que haja disposição e compromisso. Mas há um preço a pagar.

Um problema a ser enfrentado é a limitação peculiar às mídias sociais normalmente usadas para manter o relacionamento "vivo". Essas tendem a ser a) superficiais (restringindo, até certo ponto, a transparência e o nível de compartilhamento pessoal entre os dois, b) limitadas no alcance e c) menos pessoais. No caso de mídias que não incluem a imagem (só o escrito), existe a possibilidade de confusão pela má interpretação do que foi escrito, ou o oposto, em que a pessoa escolhe cada palavra que escreve, mas não é capaz de comunicar-se face a face. A comunicação direta é sempre melhor, se possível com a imagem do outro (como no *Skype* ou no *FaceTime*).

Exige-se muita disciplina de ambas as partes para manter um relacionamento a distância por muito tempo. Se um ou outro não tiver a disciplina, por exemplo, para manter o contato frequente, dificilmente haverá futuro para o relacionamento.

O casal terá que guardar tempo (nas férias ou nos fins de semana) e dinheiro para promover encontros com frequência razoável, inclusive para conhecer a família, pastores e amigos de ambos, e desenvolver uma amizade que atenda aos requisitos bíblicos de confiabilidade e compatibilidade que marcam relacionamentos saudáveis. Atente-se para os perigos dos encontros pessoais depois de uma temporada longe um do outro. Além da tentação sexual comum em qualquer tipo de relacionamento, vocês podem ceder à tentação de usar mal o tempo juntos. A saudade é tanta que a vontade de gastar tempo sozinhos pode inibir o tempo com outras pessoas ou seu envolvimento em outras atividades vitais para a construção de um relacionamento saudável (serviço juntos, tempo com familiares, resolução de conflitos etc.).

Repetindo: É possível, mas difícil, manter um relacionamento a distância. Se os dois conseguirem superar esses obstáculos, provavelmente terão a "bagagem" necessária para vencer os demais desafios de um futuro casamento.

15. É POSSÍVEL NAMORAR PELA INTERNET?

Há algum problema com um namoro que se desenvolve pela internet? Conheci um jovem cristão que parece ser meu complemento perfeito, só que ele mora nos Estados Unidos. Nossa amizade só tem crescido nos últimos meses, mas questiono se vale a pena avançar nessa direção.

Já acompanhamos uma meia dúzia de relacionamentos internacionais que se iniciaram pela internet e participamos da cerimônia de casamento de alguns deles. Embora existam algumas bandeiras de alerta nesse tipo de relacionamento, também existem vantagens. Por exemplo, a distância permite que compartilhar a vida, os sonhos, os ideais e as opiniões aconteça antes do desenvolvimento de qualquer envolvimento físico entre ambos. Desse modo, o relacionamento tende a ser construído sobre o alicerce da amizade mais que o da atração física, da popularidade ou de outros fatores externos. Isso traz grandes benefícios para um relacionamento duradouro. Por outro lado, o encontro pessoal depois de uma longa temporada juntos pode trazer certa pressão sexual num curto período de tempo. Portanto, não desaconselhamos esse tipo de relacionamento, mas advertimos quanto a alguns perigos inerentes a ele.

O casal terá que decidir se tem condições de manter o relacionamento e, cedo ou tarde, conseguir fazer as viagens necessárias para os encontros pessoais necessários antes de assumir compromissos maiores. Há fatores financeiros que obviamente limitam essas possibilidades.

O primeiro encontro "ao vivo" precisa ser cuidadosamente planejado e protegido, com a presença de terceiros para o máximo de segurança. Terá que haver tempo hábil nas visitas para assegurar o apoio de familiares, líderes espirituais, amigos etc. Além das questões relacionadas a idiomas, que podem prejudicar a comunicação, no decorrer do relacionamento o casal terá que avaliar muitas questões culturais, que podem criar tensão no futuro casamento. Um bom casal de conselheiros que já tenha passado por semelhante situação poderá servir de grande ajuda para esses casais.

16. E SE ME SINTO MACHUCADO DEMAIS PARA TENTAR DE NOVO?

Tive uma grande decepção no último namoro; posso me entregar a outro relacionamento? Depois de quanto tempo?

Relacionamentos falidos nos machucam. Dependendo de como começou e terminou o namoro, a dor pode ser muito grande. É recomendado (e sábio!) "dar um tempo" após o término de um relacionamento. Nesse período, seria ótimo fazer uma avaliação do namoro à luz dos princípios bíblicos que temos desenvolvido neste e no primeiro livro, *O namoro e o noivado que Deus sempre quis*.

Cabem aqui algumas perguntas de avaliação para não passar de um relacionamento fracassado a outro. Começou bem? Houve defraudação? Falhas de comunicação? Falta de perdão? Inversão de valores (ídolos do coração) ou de papéis? Vocês terminaram corretamente? (Veja as perguntas 45 e 46.)

É necessário lidar com a questão de perdão e mágoas à luz de Mateus 18.21-35. Além disso, você terá que trabalhar seu coração em termos de confiança. Uma vez machucado, a tendência humana é ficar desconfiado ou até mesmo com medo de machucar-se de novo. Mas devemos lembrar que a nossa confiança não está em homens, e sim no Senhor soberano que controla todas as coisas (cf. Sl 20.7). Ele precisa ser seu foco antes de se arriscar a outro relacionamento.

Nossa cultura procura fugir do sofrimento a todo custo, exaltando a felicidade como valor máximo em um relacionamento — "e viveram felizes para sempre"! Por isso, após um término difícil, você pode ser tentado a pensar que namorar traz sofrimento, e que sofrimento é ruim; então, esse tipo de relacionamento precisa ser evitado. Isso não é verdade.

Enquanto estivermos neste mundo, nós iremos sofrer porque 1) amamos o Senhor (Jo 16.33; 2Tm 3.12), 2) o sofrimento é a consequência do pecado (Tg 5.13-16) e 3) vivemos num mundo caído que ainda geme por redenção (Rm 8.22). Em sua soberania graciosa e amorosa, Deus usa os sofrimentos para nos moldar ao caráter de Cristo (Rm 8.28,29; Fp 3.10). O evangelho nos dá a esperança de olhar para a frente e de construir um relacionamento diferente, baseado no que a Palavra de Deus diz. Fugir de relacionamentos por medo de sofrer criará um hábito ruim em todos os relacionamentos nos quais você estiver envolvido.

Aliado à avaliação que propomos aqui, seria saudável assumir alguns compromissos diante de Deus sobre como você pretende conduzir seus relacionamentos no futuro. Pense nos princípios que temos abordado para formular seu próprio "pacto de namoro" (veja na Parte 3 um exemplo de pacto).

17. COMO LIDAR COM A REJEIÇÃO?

Acho que me enganei. Pensei que uma moça de quem eu gostava também gostasse de mim, mas, quando me declarei, ela se afastou quase por completo. Agora mal fala comigo, não retorna ligações e mensagens de texto e não mais comenta no meu Facebook. Não somente me sinto envergonhado, mas acho que perdi uma grande amiga. Acho que vou desistir de vez do namoro. O que fazer quando somos rejeitados?

Seus sentimentos são reais, e a experiência, realmente difícil. Mas não deve ser motivo de desânimo, e sim de autoavaliação. O acontecimento foi infeliz e provavelmente precipitado. Mas Deus é muito maior que nossos "enganos" e ele continua tendo tudo sob controle. Você pode aprender com a experiência e crescer ainda mais à imagem e semelhança de Cristo. Como?

Primeiro, precisa repensar seus conceitos sobre o namoro. Contrariamente à opinião popular, namoro não é uma questão de "autoestima", satisfação pessoal ou companheirismo, e sim uma oportunidade de glorificar a Deus através de um relacionamento que reflete a pessoa e serve ao reino dele. Quando é tudo "sobre mim", o resultado é transitório, circunstancial e muitas vezes decepcionante.

Segundo, você terá que superar a "vergonha", lembrando que todos nós somos miseráveis pecadores e indignos da graça de Deus. Mas é sobre pessoas assim que Deus derrama sua graça (Is 66.2). Ele resiste (luta contra!) aos orgulhosos (Tg 4.6). Você simplesmente descobriu mais uma área em que carece da graça de Deus. Em vez de sentir-se envergonhado, aproveite a humilhação para fortalecer sua fé na graça de Jesus (1Pe 5.5).

Terceiro, é possível que a forma com que você tenha se declarado não tenha sido sábia. Faça uma avaliação honesta da forma e do conteúdo de sua declaração. Se necessário, peça o conselho de alguém mais maduro. Se ainda é possível e apropriado, peça para ter mais uma conversa com a pessoa a quem você se declarou e reconheça sua precipitação. Reconheça que sua declaração precipitada criou um constrangimento e um obstáculo para a amizade de ambos. Estabeleça o compromisso de não trazer mais o assunto à tona e que irá tratá-la como amiga, sem exigir o mesmo nível de amizade.

Finalmente, pense mais em como desenvolver amizades verdadeiras e naturais no futuro, sem se preocupar em forçar um namoro. Muitas vezes, apressamos um relacionamento porque queremos ter o *status* de alguém desejável, alguém que "conquistou" uma namorada. Mas você não precisa disso para ser alguém especial. Sua identidade EM CRISTO já fornece tudo o que realmente precisa. Descanse na graça de Deus e em sua posição em Cristo. Desenvolva relacionamentos saudáveis nos quais você esteja mais interessado em ministrar na vida de outros do que receber a afirmação deles. E lembre-se: o tempo é aliado em relacionamentos verdadeiros!

18. E SE O OUTRO JÁ ESTÁ NAMORANDO?

Eu gosto de alguém que já está namorando. Eu posso orar para namorar com essa pessoa mesmo assim? Ou devo orar por alguém específico, ou ainda devo deixar em aberto?

Mais importante do que responder "sim" ou "não" a essa pergunta é entender o que está por trás dela. A inveja é o desejo por algo que não lhe pertence e que você não pode ter de forma pura e honesta. Se sua motivação em "orar" por essa pessoa é a inveja, você não deve orar para namorar com ela. Deus não irá responder a essa oração porque você está pedindo mal (cf. Tg 4.3). O que está por trás desse pedido invejoso é seu desejo desordenado de ter alguém que não lhe pertence (cf. Êx 20.17). Em segundo lugar, você não está pedindo algo para o bem dessa pessoa, pois ela não está interessada em você, uma vez que não é com você que ele está namorando. A raiz de seu desejo e oração por alguém que já está namorando pode ser muito perigosa.

Por outro lado, pode ser que você tenha admiração (sem inveja) por alguém que está comprometido com outra pessoa. Nesse caso, suas orações não vêm de um coração invejoso, mas de um coração triste por querer algo que não pode ter de forma pura.

Assim, sugerimos que você ore a Deus de forma honesta e aberta, apresentando diante dele sua tristeza, ansiedade e, principalmente, seu desejo de namorar. O desejo de se casar é um desejo legítimo e bom, mas não pode assumir uma posição ilegítima. Isso acontece, basicamente, de três formas: 1) quando ocupa seus pensamentos o tempo todo, impedindo que você cresça espiritualmente, pois só pensa em namorar; 2) quando leva você a pecar para ter algo que deseja; ou 3) quando você peca porque não tem o que quer; nesse caso, poderia ser inveja.

Orar por alguém específico não é necessariamente errado. O perigo é você se fechar tanto com alguém em mente que perca de vista os princípios que devem guiá-lo na decisão por alguém. Por isso, recomendamos que você ore a Deus por todas as coisas e pelo nome que vier à sua mente. Mas esteja atento às respostas criativas e inesperadas de Deus. Esteja aberto para se relacionar com quem está a seu redor e disponível.

19. O QUE FAZER QUANDO NÃO HÁ JOVENS NA IGREJA?

O que eu faço quando parece que estamos vivendo uma escassez de rapazes crentes e maduros na igreja? É apropriado sair para procurar em outros lugares? O que você me recomenda?

Essa é uma pergunta muito mais comum nos dias de hoje do que gostaríamos que fosse. Infelizmente, existe um problema maior do que a falta de perspectiva para um candidato ao casamento. O que está por trás dessa pergunta é a condição do discipulado dentro da igreja. Por diversas razões, a igreja está acomodada com uma mensagem superficial que não prepara jovens para serem homens. O "bastão" do evangelho em seu efeito transformador não está sendo transmitido de geração a geração. Por isso, hoje contamos com uma geração de meninos de barba sem responsabilidade ou interesse para o casamento. Mas a pergunta persiste: o que fazer?

Em primeiro lugar, e sem medo de ecoar o que alguns acham que é clichê, você precisa orar. Ore a Deus apresentando sua condição diante do Senhor. Em vez de sair procurando um namorado para casar, comece orando ao Senhor reconhecendo que o cônjuge vem dele (cf. Pv 18.22; 19.14). Em suas orações, apresente o problema que descrevemos também. As orações da Bíblia têm muito a nos ensinar. Muitas delas apontam para a necessidade de orarmos pela maturidade da igreja. É na falta de maturidade e vitalidade da igreja que vemos diminuir o número de jovens maduros na igreja. Eis algumas passagens para você considerar em sua oração: Efésios 1.15-21; 3.14-21; Filipenses 1.3-11; Colossenses 1.3-8; 1Tessalonicenses 1.2-5; 2Tessalonicenses 1.3-12.

Segundo, encorajamos você a se cercar de pessoas maduras e comprometidas em seu progresso espiritual. Compartilhe com elas seu desejo de casar e peça que se unam a você em oração. Você não deve se envergonhar de pedir isso a pessoas que realmente se importam com você. O casamento é muito bom, e o desejo de se casar é legítimo. Por isso, peça oração.

Em terceiro lugar, como resultado de nossa sugestão anterior, esteja aberta para ouvir o conselho daqueles que estão orando por você. Às vezes, os jovens ficam muito desconfiados com sugestões de candidatos. Sabemos que isso pode ser, muitas vezes, inconveniente (veja a próxima pergunta). Mas, se as sugestões vêm de pessoas que amam a Deus e você, considere-as de coração aberto.

Finalmente, agora estamos prontos para responder a parte de sua pergunta. É apropriado sair para procurar em outro lugar? Bom, se você estiver fielmente engajada nos pontos 1, 2 e 3, acreditamos que estará protegida para conhecer outras pessoas sem tomar uma iniciativa de forma inapropriada. No entanto, outras implicações precisam ser pensadas. Por exemplo, a chance de você encontrar alguém que creia num corpo de doutrinas diferente do seu é maior. Essa não é uma questão trivial e precisa ser pensada (veja a pergunta 32). Não faça do desejo de casar o carro-chefe de todas as suas decisões.

20. QUEREM ME ARRANJAR UMA NAMORADA. O QUE FAÇO?

Eu quero me casar. Mas, às vezes, tenho a impressão de que as pessoas me sufocam com esse assunto. O tempo todo querem me arrumar uma namorada, e já passei por situações constrangedoras de "apresentações forçadas". O que faço?

De fato, entendemos que apresentações forçadas e surpresas podem criar situações constrangedoras. Nem todo mundo tratará o assunto de forma apropriada e sábia. Amizades podem até mesmo ser abaladas por uma apresentação forçada desse tipo. No entanto, a situação também apresenta inúmeras oportunidades para crescimento.

Grande parte dessas situações gera constrangimentos porque nos preocupamos demais com o que as pessoas pensam de nós (cf. Pv 29.25). Nossa imagem é ameaçada por uma exposição supostamente desnecessária, e ficamos com "vergonha"! No entanto, essa pode ser mais uma oportunidade de viver além de si mesmo. Não foque sua reputação, mas concentre-se em servir às pessoas. Numa situação constrangedora, lembre-se de que quem tenta arranjar-lhe uma namorada o faz porque pensa que está ajudando (mesmo que não pareça assim). Normalmente, essa situação também envolve um constrangimento do outro lado. Viver preocupado com sua reputação pode até mesmo adicionar constrangimentos desnecessários. Num momento assim, lembre-se de que é sua a responsabilidade de ser amável e responder com amor (cf. Ef 4.31,32).

Embora essa situação gere constrangimento e até mesmo a vontade de "sumir", não ignore a possível ajuda num embrulho difícil de engolir. O que queremos dizer com isso? Você está solteiro, alguém está tentando ajudar e pode ser que a ajuda seja o empurrão que você precisa. Então, seja humilde e considere os conselhos com o filtro da Palavra, e não da vergonha.

Por outro lado, reconhecemos que algumas pessoas podem passar do limite e criar pressões que prejudicam a convivência entre os envolvidos. Nesse caso, recomendamos uma conversa honesta e franca com aquele que está criando o constrangimento. Nessa conversa, afirme que você entende que a pessoa quer ajudá-lo, mas que, do jeito que as coisas estão caminhando, você está com dificuldades em entender a ajuda de forma benéfica. Se necessário, aponte informações concretas de como a situação está trazendo constrangimento a você ou a outras pessoas.

21. SERÁ QUE SOU EXIGENTE DEMAIS?

Já tenho 29 anos e nunca namorei. Meus pais e amigos acham que estou ficando exigente demais. Será que isso é verdade?

A decisão de se casar não deve ser tomada ignorando o padrão de Deus para um futuro cônjuge. A Palavra de Deus não nivela por baixo, e nós também não deveríamos fazer isso. Às vezes, os jovens se precipitam na escolha de um cônjuge porque temem ficar solteiros e iniciam um relacionamento desnecessariamente difícil, motivados pela falsa segurança de compromisso ou prazer, mas não pelo desejo de agradar a Deus em tudo, inclusive na espera pela pessoa certa, no momento certo.

No entanto, o que normalmente nos preocupa com a postura "exigente demais" não é o padrão elevado da Palavra, mas, sim, o padrão equivocado por trás da exigência. Por vezes, os jovens adotam um padrão de orientação na busca por um futuro cônjuge que mistura elementos bíblicos com desejos do mundo. O resultado é um "padrão misto" que não encontra nem um nem o outro. Quando o jovem adota um padrão misto, encontra alguém que o atrai pelo padrão das Escrituras, mas lhe dá desânimo causado pelo padrão do mundo que também adota. Frequentemente, isso

O que você sempre quis saber — Para quem ainda não namora

vem embrulhado em frases como: "Fulana é muito de Deus, mas não tem química"; "Sicrano é uma bênção, mas não tem liga"! São expressões genéricas que escondem o aspecto mundano de um padrão misto!

Do outro lado, o padrão do mundo que tem o atrairá para alguém que ele sabe estar longe da vontade de Deus. Nesse caso, não começa um namoro com receio das consequências, mas vive um "amor platônico" com uma candidata que não lhe convém por sua tradição cristã! E o tempo passa... à espera de alguém que tenha as qualificações da Palavra de Deus e se encaixe em suas expectativas moldadas pelo mundo.

Com isso, não estamos ignorando preferências ou gostos. Mas esperamos que você entenda que preferências e gostos precisam ser submetidos à Palavra. Ou melhor, preferências e gostos são diretamente influenciados pela Bíblia. Se ela for seu padrão e ainda assim não "aparecer ninguém", é tempo de esperar!

Para lhe ajudar a entender se está sofrendo por causa de "padrões mistos", encorajamos você a fazer um exercício sugerido por Richard e Sharon Phillips: pegue uma folha de papel e liste TUDO o que o atrai em alguém.[6] Se você é um rapaz, liste tudo o que o atrai numa moça. Se você é uma moça, liste tudo o que a atrai num rapaz. Não se preocupe em ser "bíblico" nesse momento; seja honesto. Pense nas pessoas que já considerou serem atraentes e liste suas características.

Em seguida, você precisa olhar honestamente para essa lista e compará-la com o que a Bíblia diz sobre o que você deveria procurar. A resposta não se encontrará no campo dos absolutos morais, mas no campo da sabedoria, que normalmente passa despercebida por nós. A sabedoria reflete um estilo de vida pautado pelos absolutos morais da Palavra de Deus. Um jovem sábio é aquele que tem suas preferências e decisões moldadas pelas verdades bíblicas eternas. Por exemplo, Provérbios 6.23-26 exorta o jovem rapaz a que

---

[6] PHILLIPS, Richard e PHILLIPS, Sharon. *Holding hands, holding hearts: recovering a biblical view of Christian Dating*. Phillipsburg, NJ: P&R Publishing, 2006, p. 91.

não se envolva com a mulher impura. A exortação envolve justamente o que muitos rapazes ignoram: o engano da aparência física das mulheres (cf. Pv 6.25; 31.30). A sabedoria de Provérbios exorta os rapazes a que estejam alerta para a importância da aparência de um padrão misto. Por isso, se sua lista tem o caráter bondoso da moça em últimos lugares e a aparência física nos primeiros, você precisa virar a lista de cabeça para baixo e começar a pensar com sabedoria, e não com instinto.

PARA QUEM JÁ ESTÁ NAMORANDO

22. QUANDO DIZER "EU TE AMO"?

Hoje é muito comum o namorado declarar seu amor pela namorada mesmo depois de pouco tempo de convivência. Qual é a hora certa para manifestar esse sentimento?

Esse assunto é a ponta de um *iceberg*. Há muito mais embaixo da superfície do que talvez imaginemos!

Primeiro, devemos considerar a definição do amor verdadeiro. O amor não é um mero sentimento, mas muito mais. O amor bíblico é uma DECISÃO, que não está limitada pelo tempo nem pelo espaço. O amor bíblico busca SEMPRE o bem-estar do outro, e não o meu. Infelizmente, por causa do conceito de amor amplamente divulgado pela mídia, e principalmente por novelas e pela música popular, associamos sentimentos de paixão, arrepio e atração sexual a "amor". O amor do mundo muitas vezes não passa de cobiça. "Eu te amo" significa "Eu gosto demais de como me sinto a seu lado", ou "Você me satisfaz", ou "Eu quero o que você tem para oferecer", ou "Gosto muito do fato de que alguém gosta de mim".

A distinção principal entre o amor bíblico e a cobiça é que a cobiça sempre fala em "tomar" (o que EU recebo pelo relacionamento), ao passo que o amor verdadeiro expressa-se em "dar" (o que VOCÊ recebe de mim no relacionamento).[7] O amor de Deus *deu* seu Filho unigênito, Jesus (cf. Jo 3.16). O amor de Deus em nós se parece com o amor de Jesus que se entregou por nós (cf. Ef 5.25-33). O amor produzido pelo Espírito Santo em nós traça as características do "outrocentrismo" que descreve a vida de Jesus (Mc 10.45) e que é descrito em 1Coríntios 13:

> *O amor é paciente; o amor é benigno. Não é invejoso; não se vangloria, não se orgulha, não se porta com indecência, não busca os próprios interesses, não se enfurece, não guarda ressentimento do mal; não se alegra com a injustiça, mas congratula-se com a verdade; tudo sofre, tudo crê, tudo espera, tudo suporta (v. 4-7).*

Segundo, entendemos a declaração "eu te amo" como um voto extremamente sério, que deve ser resguardado para a pessoa especial, por quem você está disposto a dar a própria vida. E não somente no sentido de morrer por ela, mas também viver por ela. Esse é o verdadeiro desafio do amor bíblico.

Finalmente, é bom saber que a frase "eu te amo" pode ter significados diferentes para homens e mulheres. Uma pesquisa revelou que 70% dos rapazes acharam que era válido falar a uma moça que a amavam para poder ter relações sexuais com ela.[8] Cuidado com pronunciamentos precoces de amor vitalício. Podem vir acompanhados de uma nota de rodapé que diz: "enquanto dure".

---

[7] TISSOT, Bob e RAHILL, Alex. *Sex, purity and holiness: a biblical perspective on sexuality and relationships.* Jones, MI: Bair Lake Ministries, 2002, p. 18.

[8] FAITH BAPTIST CHURCH STAFF. *Biblical principles of love, sex and dating.* Lafayette, IN: Faith Baptist Church, p. 39.

23. COMO MANTER EXCLUSIVIDADE SEM SER EXCLUSIVISTA?

Como saber se estamos gastando tempo demais juntos como casal? Às vezes, minhas amigas reclamam que não tenho mais tempo para elas, mas acho que elas têm ciúme.

O desafio de um bom namoro é crescer gradativamente no que será a base do futuro casamento, ou seja, a EXCLUSIVIDADE do casal (Gn 2.24) sem ser EXCLUSIVISTA. Você deve ser fiel à pessoa com quem namora, visando ao futuro casamento, sem excluir oportunidades de investir na vida de pessoas ao redor.

O relacionamento exclusivista de namoro é problemático porque poda oportunidades de ministério para outros. Em outras palavras, quando o casal idolatra o próprio relacionamento a ponto de excluir outros dos benefícios que este poderia proporcionar-lhe, acaba anulando a razão bíblica de o relacionamento existir. O "outrocentrismo", que é a vida de Jesus sendo vivida através de nós (como indivíduos e como casal), *exige* a inclusão de outros.

Os autores Bissot e Rahill comparam o relacionamento exclusivista a uma pessoa que ama areia branca. Quando chega à praia, enche a mão da areia e aperta-a cada vez mais para proteger sua preciosa areia. Só que, quanto mais aperta os dedos da mão, mais a areia desliza para fora.[9] Quanto mais tentamos nos isolar de outros para segurar e proteger o relacionamento "só para nós", tanto mais perdemos não somente o que é precioso para nós, como também o que os outros poderiam se beneficiar do relacionamento.

Por isso, quando as pessoas a nosso redor começam a reclamar que não temos mais tempo para elas, devemos ficar atentos. Obviamente, o casal precisa ter tempo juntos, e isso logicamente significa que haverá menos tempo dedicado a outros relacionamentos. Mas, se a mudança for radical a ponto de isolar o casal, o namoro já está começando mal (cf. Pv 18.1).

---

[9] TISSOT, Bob e RAHILL, Alex. *Sex, purity and holiness: a biblical perspective on sexuality and relationships.* Jones, MI: Bair Lake Ministries, 2002, p. 109.

24. COMO PROMOVER CRESCIMENTO ESPIRITUAL JUNTOS?

Nós dois somos membros da mesma igreja e acompanhamos os cultos com regularidade. Mas nunca oramos ou lemos a Bíblia juntos. Às vezes, sugiro a meu namorado que devemos orar juntos, mas no fim ele enrola ou desconversa, e acaba não acontecendo. O que devo fazer?

O casamento deve ter um relacionamento de intimidade crescente em todas as esferas da vida: emocional, intelectual, social, física e espiritual. À luz do que já abordamos sobre o propósito do relacionamento entre pessoas do sexo oposto, culminando em casamento, precisamos enfatizar que a intimidade espiritual serve de alicerce para as demais áreas. Um relacionamento que não desenvolve intimidade espiritual está destinado, se não ao fracasso, pelo menos à superficialidade. Corre o risco de perder a essência do plano de Deus para a vida a dois.

Com isso, não pretendemos ditar regras legalistas ou padrões falsos de espiritualidade conjugal. Não existem regras bíblicas do tipo "Orarás com tua namorada todos os dias" ou "Lerás a Palavra de Deus pelo menos 15 minutos em cada encontro". Cremos que o crescimento espiritual em conjunto deve ser algo natural e espontâneo, mesmo que a disciplina ajude consideravelmente a criar o hábito do compartilhar profundo entre ambos.

Infelizmente, estudos mostram que a maior parte dos homens casados nunca ora com a esposa. Talvez o maior obstáculo seja a necessidade de transparência e vulnerabilidade para poderem orar ou estudar a Palavra juntos. Algumas pessoas acham errado a mulher tentar influenciar o homem para esse lado espiritual. Mas desde que não seja um "gotejar contínuo" que irrita o namorado, não há nada de errado se a mulher incentiva esse tempo regular de compartilhar. Se o homem recusar, então é outra questão, e deve ser feita uma avaliação que indique se vale a pena continuar o relacionamento com alguém que não demonstra interesse em crescer espiritualmente.

25. QUAL É A IMPORTÂNCIA DA ATRAÇÃO FÍSICA?

Eu e minha namorada nos damos muito bem, mas não posso dizer que sinto uma grande atração física por ela. Até que ponto essa atração é necessária para duas pessoas se casarem?

Essa pergunta levanta duas questões importantes em que temos que manter o equilíbrio. Primeiro, a base do relacionamento a dois não deve ser hormonal, ou seja, a mera atração física. Se fosse assim, todo relacionamento estaria destinado ao fracasso no decorrer dos anos, pois nossos corpos estão em constante estado de deterioração. Os quilos, as rugas, a calvície e outras marcas do tempo eventualmente vencerão mesmo os mais esbeltos entre os seres humanos. Um relacionamento duradouro precisa ter raízes muito mais profundas do que a aparência exterior.

Ao mesmo tempo, o livro de Cantares conta a história romântica de Salomão e sua parceira, a sulamita. As descrições do encanto de um para com o outro revelam que a atração física faz parte do plano de Deus para o relacionamento entre homem e mulher (Ct 1.2-4,5-7 etc.). A expressão de alegria feita por Adão quando Deus trouxe a recém-formada Eva a seu encontro nos dá a mesma ideia (Gn 2.23). Também uma das justificativas dadas por

Paulo para legitimar o casamento de solteiros inclui a satisfação de desejos sexuais, ou seja, a atração física (1Co 7.2; cf. Pv 5.15-19).

Quando não existe nenhuma atração física, nenhum encanto, nenhum desejo, no mínimo devemos nos preocupar com o porquê. A tendência é que o "fogo" superficial diminua no decorrer dos anos enquanto as brasas do amor se intensificam. Mas, se não houver nenhuma chama no início, fica a pergunta: haverá brasas depois?

Além disso, incentivamos você a uma avaliação de sua própria expectativa quanto ao nível de atração que está procurando. Por vezes, vemos jovens iludidos pela cultura cinematográfica e com o prazer, esperando uma vida marcada pela paixão desenfreada, num constante "Felizes para sempre"! Essa não é uma expectativa bíblica saudável. A atração física existe como resultado de um relacionamento saudável. Se ela nunca existe ou jamais existiu, é de se perguntar quão saudável e honesto é o relacionamento. Se ela já existiu, e hoje você experimenta um período de inverno da paixão, o compromisso de amar (e a futura aliança que assumirão juntos) será o solo para o cultivo da atração saudável.

26. QUAIS SÃO OS LIMITES NO CONTATO FÍSICO?

Eu ainda não encontrei uma definição específica do que seria "exagerar nos contatos físicos". Tudo que já li fica camuflado por uma grande nuvem de subjetividade. Se existe o "exagerar", também existe o contato sadio. Quero saber se é possível definir objetivamente que tipo de contato é saudável e qual é exagero. Quero saber até onde se pode ir no contato físico sem cometer pecado.

Gostaríamos muito de poder encerrar essa questão com respostas claras, mas não podemos, pelo menos dentro dos parâmetros bíblicos. Nosso compromisso para com Deus é expor sua Palavra, e não nossos sentimentos ou opiniões.

Na questão do contato físico, encontramos diretrizes que têm respaldo bíblico, mas que, infelizmente para alguns, continuam deixando um ar de subjetividade. Não entendemos isso como algo ruim; o homem legalista quer regras e tudo preto no branco. Deus quer alcançar o coração. O homem gosta de regras para poder testar os limites, chegando tão perto deles sem quebrar a regra. Mas Deus quer que sigamos o espírito da lei na esfera do coração.

Os princípios bíblicos tratam de não defraudar o irmão (cf. 1Ts 4.3-8), não violar a consciência do irmão mais fraco (cf. 1Co 8.9) nem a minha (cf. Rm 14.23). Entendemos que o contato físico entre homens e mulheres foi feito por Deus para mostrar carinho e amor (cf. Rm 16.16, o "beijo santo"), mas também para levar à intimidade total duas pessoas unidas pela aliança do casamento (cf. Hb 13.4; Gn 2.24).

Não vemos evidências nas Escrituras ou nas culturas bíblicas de NENHUM desenvolvimento de intimidade física ANTES do casamento, por isso entendemos que cabe aos defensores da intimidade física antes da aliança matrimonial o desafio de mostrar UM texto bíblico que sustente essa opção.

Já enfrentamos esse tema ao aconselhar nossos filhos jovens em seus namoros. Não ditamos muitas regras. Mas cremos que algumas diretrizes, sim, são necessárias. Como, por exemplo, não ficar sozinhos dentro de casa, evitar viagens longas a dois no carro, ter horário para chegar em casa, muita cautela nas palavras, nos abraços e nos cumprimentos. Demos essas diretrizes, e eles desenvolveram, diante de Deus, seus princípios de contato físico, os quais compartilharam conosco. Hoje são felizes, bem casados, sem ter defraudado outras pessoas e sem ter ultrapassado os limites antes do casamento.

Conhecemos pessoas que nem beijos trocaram antes do casamento. Talvez isso tenha seu mérito, mas nem por isso garante um casamento perfeito, pois o cumprimento rígido de regras em si não tem valor nenhum contra a sensualidade (cf. Cl 2.23). É possível criar um compromisso de abstenção total a qualquer forma de carinho físico e ter um relacionamento impuro (cf. Cl 2.20-23).

A chave da pureza é o que fazemos em resposta ao que Cristo fez por nós. Ele nos libertou da escravidão do pecado para verdadeiramente vivermos para ele. Caso contrário, você pode transitar da impureza sexual para um estilo de vida legalista e arrogante: "Eu te agradeço, Senhor, porque não sou como os outros jovens que se beijam!" (leia Lc 18.9-14). Por outro lado, não se esqueça de que a liberdade em Cristo não nos foi dada para dar vazão aos desejos da carne (cf. Gl 5.6). O mais importante continua sendo a questão do coração. Aproveitando a oportunidade, é necessária uma palavra adicional de cautela sobre carícias entre rapazes e moças. Certamente não queremos podar expressões de afeição e carinho entre irmãos em Cristo. Mas é notável no Novo Testamento como o apóstolo Paulo oferece instruções claras sobre o respeito mútuo e a pureza que deve existir entre os sexos como *irmãos* em Cristo. O texto de Romanos 16.16 esclarece que os cumprimentos genuínos naquela cultura (e, às vezes, na nossa) deviam se dar por meio do *beijo santo*. Tratando a igreja como família de Deus, Paulo instrui o jovem Timóteo a tratar as moças como a irmãs, *com toda pureza* (1Tm 5.2).

Ficamos preocupados com alguns abraços, beijos, apertos, carícias e outras manifestações de carinho entre rapazes e moças, até dentro da igreja, que ultrapassam o que a pessoa faria com a própria irmã. Algumas dessas liberdades são constrangedoras, especialmente para as jovens, e devem ser limitadas por amor ao corpo de Cristo. E quais são elas? Todas aquelas que não levem o outro para mais perto de Cristo porque despertam desejos em você ou na outra pessoa que ainda não podem ser satisfeitos de forma santa. Por isso, busque um relacionamento marcado por expressões de carinho usadas para a glória de Deus, e não para satisfazer a carne (cf. 1Co 10.31).

27. E SE TEMOS POUCO TEMPO JUNTOS?

Eu tenho cinco meses de namoro. Ultimamente, em razão dos estudos, temos passado pouco tempo juntos. Nosso relacionamento tem esfriado um pouco. Quando nos vemos, geralmente ela me cobra mais atenção. Somos cristãos e queremos fazer tudo certo. O que fazer para saber se devemos continuar o relacionamento? E como tornar o pouco tempo que temos juntos mais proveitoso e edificante?

O que podemos dizer é o seguinte:

1. **O tempo é sempre um aliado em relacionamentos duradouros.** O fato de as coisas não estarem andando tão rápido como um ou outro pode esperar não é necessariamente um problema. "Quando você é jovem, o tempo é seu dom mais valioso [...]. Se o tempo de espera destrói o relacionamento, então provavelmente estava destinado ao fracasso desde o início."[10] Tenham paciência diante da situação atual em que ambos estão.

---

[10] PHILLIPS, Michael e PHILLIPS, Judy. *Best friends for life: an extraordinary new approach to dating, courtship and marriage — For parents and their teens.* Minneapolis: Bethany House, 1997, p. 99-100.

O que você sempre quis saber — Para quem já está namorando

2. **Procurem gastar o tempo que têm de forma mais eficiente, em vez de focarem o que acreditam ser pouco tempo.** Em outras palavras, procurem alternativas criativas para ter mais tempo juntos — estudando, fazendo alguma atividade física, ministrando em algum departamento da igreja (por exemplo, na classe de crianças da EBD etc.). Se o interesse mútuo existe, valerá a pena procurar atividades em comum de que os dois gostem ou necessitem desempenhar para usar bem o tempo de forma criativa.

3. **Desenvolvam o hábito que os autores Gary e Anne-Marie Ezzo chamam de "tempo de sofá":** uma disciplina que muitos casais casados desfrutam, mas que pode (e deve) começar antes mesmo do casamento. Trata-se de um tempo a sós, na medida do possível, todos os dias, em que cada um compartilha os eventos do dia incluindo sentimentos, reflexões, frustrações e sonhos. Talvez não passe de 10 ou 15 minutos. Os casais que não se veem face a face podem ter seu "tempo de sofá" por telefone, por mensagens de texto, Facebook ou *e-mail*. Mas devem priorizar algum contato pessoal frequente, se não todos os dias. Esse tempo diário faz que os dois estejam quase sempre sintonizados. Deve-se tomar cautela, no entanto, para que esses momentos, mesmo que breves, não sejam simplesmente um compartilhar de informação superficial e rotineira.

4. **Se o interesse em estar juntos realmente não for** mútuo, terão que reavaliar o relacionamento. Nesse caso, deverão decidir se realmente vale a pena insistir, pelo menos nessa época da vida. Aqui, a multidão de conselheiros pode ajudar muito.

Que Deus lhes conceda graça para realmente conseguirem mais oportunidades de interação e crescimento juntos na graça de Jesus.

28. ATÉ QUE PONTO É RECOMENDÁVEL O NAMORO OU O NOIVADO PROLONGADO?

Qual é o tempo ideal de namoro e noivado? É errado esperar muito tempo para casar? Hoje as pessoas esperam terminar os estudos, ter um bom emprego, preparar o enxoval, comprar uma moradia e carro, antes de pensar no casamento. Está certo isso?

A princípio, e em termos gerais, não entendemos ser sábio prolongar o período de namoro e noivado. Obviamente, é importante ter muita sabedoria aqui. Por um lado, a pressa excessiva para casar pode manifestar ingenuidade quanto às dificuldades e aos desafios da vida a dois. O ditado "Antes que cases, vê o que fazes" sugere que o casal precisa de tempo para conhecer um ao outro, a família de cada um, as tradições familiares, os alvos e objetivos de vida e muito mais.

Um texto bíblico que defende a ideia de que o casal deve casar com prudência, depois de um tempo de preparo, é: *Cuida dos teus negócios lá fora, prepara bem tua lavoura e depois forma tua família* (Pv 24.27). Em outras palavras, a sabedoria dita que a pessoa não deve se casar sem primeiro fazer os preparativos necessários e adequados.

Por outro lado, a demora demasiada para casar pode ser sinal de falta de dependência de Deus, avareza, temor aos homens, egoísmo ou timidez. Afinal, somente o Senhor pode construir o lar:

> *Se o Senhor não edificar a casa, em vão trabalham os que a edificam; se o Senhor não proteger a cidade, em vão vigia a sentinela. Inútil vos será levantar de madrugada, repousar tarde, comer o pão de dores, pois ele o supre aos seus amados enquanto dormem* (Sl 127.1,2).

Um dos principais perigos do namoro e do noivado que se estende por muito tempo são as fortes tentações na área sexual. Talvez por isso o apóstolo Paulo recomende o casamento àqueles que não conseguem se guardar da impureza: *Por causa da imoralidade, cada homem tenha sua mulher, e cada mulher, seu marido* (1Co 7.2).

Se alguém reconhece que só terá condições de se casar depois de quatro, cinco ou mais anos, provavelmente seja melhor evitar relacionamentos de namoro e noivado até que esteja mais perto do ideal de se casar.

29. CASAR OU VIVER ABRASADO?

Estou passando por dificuldades em meu namoro. Não tem sido fácil para mim e meu namorado, pois temos tido problemas na área do contato físico. Tenho 23 anos e ele 27; estamos namorando há um ano e cinco meses. Não tivemos relações sexuais, mas não tem sido fácil controlar. Já tentamos mil coisas para conter a vontade, mas às vezes fracassamos e nos abraçamos mais do que deveríamos. Depois nos sentimos muito tristes e pedimos perdão ao Senhor; ele revigora nossas forças, mas, de repente, fraquejamos de novo.

Quando passamos por este problema, a única orientação de que nos lembramos na Palavra é: *Mas, se não conseguirem dominar-se, que se casem. Porque é melhor casar do que arder de paixão* (1Co 7.9).

Nós queremos nos casar, mas ainda não temos sustento. Nós nos amamos, queremos formar uma família, viver juntos... enfim, queremos, mas ainda não podemos nos casar. Eu penso que essa seria a solução, mas até o momento creio que não é o que Deus planeja, pois não nos tem dado meios para isso.

Temos algumas ideias que talvez possam ajudar nessa situação:

1. **Realmente o casamento seria a melhor opção para vocês.** Humanamente falando, não parece ser possível no momento. Apenas gostaríamos de sondar as razões por que não. Os casais de hoje estão esperando muito mais para casar, pois exigem cada vez mais segurança (principalmente, financeira) antes de se casarem. No entanto, pouco realmente é necessário. Precisam considerar o custo de um casamento, sem dúvida, mas devem avaliar todos os aspectos do estilo de vida de vocês para ver se tudo que querem realmente é necessário. Nossa sugestão (e parece ser a vontade de vocês também) é fazer qualquer sacrifício para que se casem quanto antes.

2. **Construam e conquistem juntos, depois de casados, alguns objetivos.** Não precisa ser tudo antes. Se realmente vai demorar pelo menos um tempo para isso acontecer, sua segunda opção (biblicamente falando), será de tomar medidas *radicais* para evitar a defraudação. Como vocês sabem, estão brincando com fogo. Jesus recomendou cortar e jogar fora o membro do corpo que nos faz pecar (cf. Mt 5.29,30). Em outras palavras, deve-se tomar medidas radicais para fugir do pecado. Nesse caso precisamente, vocês devem sentar e conversar sobre o que isso significa. Talvez tenham que considerar a possibilidade de um jejum total de contato físico, exceto dar as mãos. As Escrituras contêm muitas exortações para fugir da imoralidade (1Co 6.18; Pv 5.8; 1Ts 4.3-8). Não se trata de rejeitar as palavras de homens, mas o próprio Deus (1Ts 4.8).

Já pensaram na seriedade disso? Se vocês realmente estão firmes sobre o desejo de viver uma vida agradável a Deus, farão o possível para viver de acordo com a vontade dele. Essa medida poderá inclusive ajudá-los a fazer os sacrifícios necessários para se casar! Sabemos que pedir isso de um jovem casal hoje parece "coisa de outro mundo", mas, afinal de contas, nossa cidadania não é deste mundo. Alguns consideram isso um absurdo? Sim. Mas estarão protegendo seu relacionamento e construindo-o sobre um fundamento mais sólido que não a mera atração física.

Em nossa experiência, a questão da pureza sexual antes do casamento é de extrema importância, não somente (embora principalmente) por causa da glória de Deus em vocês agora, mas também porque o plano de Deus é perfeito e visa à alegria do casal no futuro. Um pouco de disciplina e força no presente prepara o casal para enfrentar as tentações do futuro. Lamentações 3.27 diz: *Bom é para o homem suportar o jugo na sua juventude.*

Também tememos que os hábitos nada saudáveis agora estabeleçam precedentes perigosos depois. A intimidade física antes da hora pode estragar o prazer do "mistério" a ser desvendado depois, assim como a criança que abre um presente antes da hora e perde a alegria da surpresa depois. Tomem todas as providências hoje, mesmo que radicais, para que estejam prontos para uma vida de alegria e prazer total como casados.

30. QUEM PAGA O QUÊ?

Quem deve pagar quando o casal de namorados sai para alguma atividade? Há problema se a moça paga? Dividem-se as despesas? Ou sempre deve ser o homem quem paga?

Cada caso é um caso, mas como regra é preferível que o homem pague as despesas do casal sempre que possível. Assim segue o padrão de Gênesis, em que Deus responsabilizou o homem mais diretamente pela provisão da casa e a mulher pelos cuidados do lar (cf. 3.16-19).

Não é errado dividir as despesas quando necessário, ou até permitir que a mulher ajude com algum projeto especial de vez em quando. Preocupa-nos quando é ela quem *sempre* desembolsa as despesas do casal, pois isso indicaria falta de responsabilidade do homem em querer assumir algo. No entanto, no mundo de hoje que superenfatiza a individualidade de ambos, o homem nem por isso deve se esquecer de que ser cavalheiro também faz parte de seu papel, pois indica respeito. A mulher, em geral, sente-se valorizada quando é alvo de atos sinceros nessa área. Por outro lado, a influência feminista pode levar as mulheres que tenham dificuldades em demonstrar um espírito submisso a querer dividir a conta, ou pagá-la, como um ato de orgulho.

Em todos os casos mencionados, falta equilíbrio, e algo precisa ser tratado.

Não devemos nos esquecer, entretanto, de que nem a mulher nem o homem da pós-modernidade podem se aproveitar de uma situação vantajosa de uma das partes e tentar se beneficiar disso por pura conveniência. O próprio Jesus não foi machista — nem aproveitador —, mas soube humildemente aceitar a ajuda de mulheres no sustento de seu ministério.

Cabe aqui outra questão em que parece haver bastante confusão entre casais. Trata-se de contas em conjunto *antes* do casamento, no caso de alguns casais, e contas separadas *depois* do casamento, no caso de outros. Em geral, o casal deve tomar cuidado para não misturar as questões financeiras antes de o casamento ser realizado. Mas depois, a não ser em caso de raras exceções, normalmente o casal deve ter a comunhão dos bens, inclusive de contas bancárias.

Além da decisão de "quem paga o quê", é importante pensar sobre a ajuda que alguns pais podem e querem dar durante o namoro e o noivado. Alguns casais recebem a ajuda financeira dos pais para "patrocinar" o namoro e os primeiros projetos da vida a dois. Mais uma vez, afirmamos que não é errado receber ajuda dos pais. No entanto, os pais e o casal precisam estar atentos se a única forma de ajuda é essa dependência e se é mesmo a melhor forma de ajudar o casal. Alguns pais querem tanto ajudar que acabam interferindo no processo de amadurecimento dos filhos, ainda que bem-intencionados. Listamos aqui alguns sinais de que a ajuda dos pais *pode* ser prejudicial:

1. Quando os pais ajudam por pena os filhos em virtude da situação financeira em que eles estão entrando. Lembre-se: os pais estão provavelmente no auge de sua situação econômica, ao passo que os filhos estão apenas começando. Os pais precisam se lembrar de que também tiveram um começo simples, e isso não foi ruim. Muito pelo contrário, criou um contexto para que aprendessem a ética do trabalho, da responsabilidade, da diligência, da mordomia e muito mais.

2. Quando a ajuda dos pais dá aos filhos um estilo de vida mais elevado do que eles conseguem manter.

3. Quando a ajuda financeira está vinculada a expectativas que os pais têm de determinada conduta ou decisões dos filhos. Por exemplo: "Estou ajudando dessa forma para que você more perto de nós". Alguns filhos se submetem a isso e vivem para agradar aos pais, na expectativa de conseguir ajuda material.

4. Quando a ajuda dos pais está constantemente remediando consequências negativas das decisões dos filhos (cf. Pv 19.19).

5. Quando os filhos agem como se a ajuda dos pais fosse obrigação, e não opção deles.

31. COMO FICA A SUBMISSÃO NO NAMORO?

Existe alguma ordem bíblica que diz que a mulher deve ser submissa ao homem enquanto ainda não são casados? Quando deve começar a se submeter a ele? E quais são as implicações?

Nenhuma parte da Bíblia exige que a mulher se submeta a outro homem que não seja o marido dela. Os muitos textos que ensinam sobre liderança amorosa masculina e submissão respeitosa feminina destacam que se trata do relacionamento conjugal. Em todos os textos, a esposa se submete *ao próprio marido* (veja Ef 5.22,33; Cl 3.18; 1Pe 3.1).

Ao mesmo tempo, entendemos logicamente que haverá um processo gradativo de transferência de lealdade para o futuro marido no decorrer do namoro e do noivado do casal. Assim como no casamento, essa submissão é oferecida pela mulher, mas não é exigida pelo homem! Faz parte da obra sobrenatural de Deus em nossa vida, revertendo os efeitos da queda em relacionamentos humanos pelo poder do Espírito (cf. Ef 5.18) e pela habitação da Palavra em nosso interior (cf. Cl 3.16).

Como isso funciona na prática? Mesmo não sendo obrigatório na fase do namoro, a mulher pode encorajar o homem a tomar a frente na liderança espiritual, iniciando tempos de estudo da Palavra e oração juntos; ela pode encorajar o namorado na hora de tomar decisões que dizem respeito ao futuro do casal, sem tentar "correr na frente". Ela pode incentivá-lo a adotar atitudes de cavalheirismo.

Repetindo, não se trata de algo obrigatório, mas de uma fase de transição em que ambos podem criar hábitos facilmente transferidos para o casamento e dentro dos padrões bíblicos para o relacionamento a dois.

32. COMO TRATAR AS DIFERENÇAS DOUTRINÁRIAS?

Encontrei um rapaz de minha cidade num acampamento evangélico, e alguns meses depois começamos a namorar. Ele pertence a uma igreja de denominação bem diferente da que estou acostumada. Dois anos já se passaram, e ultimamente ele tem falado mais e mais de um chamado missionário. Não tenho nada contra, mas não me sinto "chamada" para ser esposa de pastor ou missionário. Além disso, estamos tendo cada vez mais conflitos em áreas doutrinárias e práticas eclesiásticas. Nosso caso é um "jugo desigual"? Gosto muito dele, mas preciso saber se esse relacionamento tem futuro.

Não podemos afirmar que seu caso seja jugo desigual, pelo menos no sentido literal da união entre *luz e trevas* (2Co 6.14). Mas há fatores preocupantes que precisam ser cuidadosamente avaliados. Existem questões doutrinárias fundamentais (por exemplo, a Trindade, a divindade de Cristo, a salvação pela fé única e exclusivamente pela obra suficiente de Cristo, a Igreja como corpo de Cristo na terra etc.). Há outras que são menos importantes (formas de batismo e de governo da igreja, a cronologia dos últimos tempos) ou até mesmo preferências pessoais (hinos *versus* cânticos, horários de culto).

É possível que, mesmo em áreas menos essenciais, um ou outro tenha convicções fortes. Nesse caso, o casal terá que decidir se conseguirá ou não conviver pacificamente durante o resto do casamento tolerando essas diferenças de opinião sem dividir o lar. O que achamos fundamental é que essas questões sejam tratadas *antes* do casamento, e não depois. Por exemplo, não vemos precedente bíblico nem sabedoria quando membros da mesma família cultuam a Deus em igrejas diferentes. Achamos muito perigoso fragmentar a família nessa área tão fundamental — a adoração e o serviço a Deus. Um ou outro terá que ceder para que tais rachas não ocorram. Baseados em nossas convicções sobre os papéis bíblicos, entendemos que recai sobre a moça pensar com muito cuidado que tipo de liderança espiritual ela estará disposta a seguir.

Abaixo, sugerimos uma lista de assuntos doutrinários que precisam ser tratados entre ambos:[11]

1. O que você acredita sobre Deus?

2. Quem é Jesus? E o que ele fez? Como você entende que será sua volta?

3. Qual é o papel do Espírito Santo? Como ele se manifesta?

4. O que é o evangelho?

5. O que é a Bíblia? Qual é sua importância dentro do lar?

6. Como você toma uma decisão dentro da vontade de Deus?

7. O que é a Igreja? É importante tornar-se membro de uma igreja?

8. É importante ir ao culto? Por quê?

9. Qual é o seu papel dentro da igreja? O que você espera que seja o meu papel dentro da igreja?

---

[11] Algumas das perguntas se baseiam na lista sugerida por John Piper, *Questions to ask when preparing for marriage*. Disponível em: <http://www.desiringgod.org/articles/questions-to--ask-when-preparing-for-marriage>. Acesso em: 14 jul. 2015.

10. Qual é a forma de batismo que você acredita ser bíblica? E quando alguém deve ser batizado?

11. O que é a ceia do Senhor? Todos podem tomar? Em que condições?

12. O cristão deve dar o dízimo? O que você pensa sobre isso?

13. Por que devemos orar?

14. Qual é a importância do culto doméstico? Quem deve liderá-lo? Como ele deve acontecer?

15. Se eu estiver doente, você acredita que devemos ir ao médico ou apenas orar?

16. O que você entende por educação cristã?

17. Como acontece o processo de "chamado" para o campo missionário de alguém? Ou ministério pastoral?

18. Você acredita em manifestações extraordinárias dos dons do Espírito Santo? Por exemplo, dom de línguas, profecias, curas e milagres?

19. Você está disposto a estudar mais sobre as respostas acima em que discordamos?

Essa é apenas uma sugestão de perguntas. Vocês podem estudar vários assuntos usando uma confissão de fé já pronta disponível em bons livros de teologia sistemática, por exemplo.

Se, como resultado dessas conversas, perceberem que há diferenças sérias entre vocês, pensem na possibilidade de procurar um pastor ou líder espiritual de confiança para tentar encontrar um meio-termo ou pelo menos uma maneira de respeitar a opinião do outro sem maiores prejuízos ao relacionamento.

33. O QUE DIZER SOBRE AS DIFERENÇAS DE VOCAÇÃO?

Eu e meu namorado temos chamados diferentes... Ele sente que Deus o chama para algum tipo de ministério, mas estou me formando como veterinária e nunca pensei em ser esposa de pastor ou missionário. Para mim, nada impede que ele corra atrás dos sonhos dele enquanto eu prossigo para os alvos que tenho para minha vida. Há algum problema nisso?

Tratamos um pouco dessa questão em nosso primeiro livro, *O namoro e o noivado que Deus sempre quis,* e, por ser algo tão relevante, queremos repetir alguns conselhos já tratados:

> A pergunta prática é: Como posso comprometer-me com a missão que meu mestre me deu, se estou "conjugado" com alguém que tem outra missão? Como dois podem andar juntos, se não há acordo? (Am 3.3). Um puxa numa direção, e o outro, na outra. Um ouve a voz de um mestre, e o outro, de outro. NÃO FUNCIONA!
>
> Essa é uma das razões por que desaconselhamos o namoro entre adolescentes. Raramente, os adolescentes já tomaram as decisões básicas quanto à sua missão na vida para

unirem-se a alguém que compartilha da mesma missão. Simplesmente não tiveram tempo suficiente para determinar seu lugar (chamado) no reino, e não podem compartilhar sua vida com outra pessoa...

É justamente aqui que se levanta uma grande dúvida, e talvez haja um pouco de "névoa" obstruindo a visão. É necessário os dois — homem e mulher — terem a mesma missão, ou seja, terem claramente definido o "campo" onde irão trabalhar? E mais: A mulher deve ter a mesma missão do marido, ou ela tem uma "sub-missão"? A missão dela é apoiar a missão do marido, ou cumprir uma missão que Deus lhe deu?

Um casal não encontrará na Bíblia nenhuma orientação específica e detalhada sobre o campo em que vai trabalhar, mas a Bíblia traz orientações básicas para a vida do casal, levando-o, homem e mulher, à direção correta. Por exemplo, se o homem tem a convicção de que Deus está chamando-o para um envolvimento efetivo no ministério de tempo integral, e a mulher não quer nada disso, possivelmente estamos tratando de "jugos" distintos. No mínimo, terão de avaliar a sabedoria da decisão de unirem-se na mesma canga.

Então, o matrimônio se torna uma questão de SABEDORIA BÍBLICA. Como mulher, você está disposta a apoiar seu marido, seguir sua liderança, a qualquer custo?[12]

Resumindo, embora haja liberdade dentro do jugo igual de serem dois cristãos, existem questões sérias sobre a direção da própria vida que precisam ser avaliadas. O chamado principal da esposa é o de ser uma ajudadora adequada do marido no cumprimento da missão que Deus lhe dá (cf. Gn 2.15-20). Quando não existe essa compreensão básica de seu papel, ou quando a mulher tem uma convicção de que Deus a chamou para algo diferente que o marido, precisamos questionar se o namoro tem razão de continuar.

---

[12] MERKH, David e MENDES, Alexandre. *O namoro e o noivado que Deus sempre quis.* São Paulo: Hagnos, 2014, p. 185-187.

34. E QUANDO O NAMORADO TEM EXPLOSÕES DE IRA?

Meu namorado já me assustou em algumas ocasiões com suas explosões de ira. Uma vez, enquanto dirigíamos para uma festa, outro motorista fez uma besteira que o irritou muito. Ele acabou gritando palavrões e fez de tudo para pegar o cara e quase bateu o carro. Outra vez, num restaurante onde fomos celebrar o aniversário de um ano de namoro, ele entrou numa discussão bastante acirrada com o garçom por causa de algum problema com a comida. Passei muita vergonha, e acabamos saindo do restaurante. Depois ele pediu perdão, mas agora fico me perguntado se devo continuar com ele. O que devo fazer?

Entendemos que seu questionamento é legítimo. Não é fácil conviver com alguém caracterizado pela ira. As explosões de ira imprevisíveis trazem muita instabilidade no relacionamento. No entanto, seu problema precisa ser, antes de tudo, definido biblicamente. Daí, sim, podemos lhe oferecer alguma ajuda prática.

Veja esta definição de ira, por exemplo: "É nossa resposta ativa e integral de juízo moral negativo contra um mal por nós percebido".[13] Baseado nessa definição, seu namorado responde com ira contra algo que ele entende ser um mal. Isso significa que nem o trânsito nem a comida do restaurante são os reais problemas. Essas são as circunstâncias que revelaram os julgamentos do coração de seu namorado. Um motorista no trânsito fez algo que ele desaprovou; então ele reagiu com ira. O garçom do restaurante errou o pedido, e ele reagiu com ira. São explosões de ira que vêm do coração contra um mal percebido. Em ambos os casos, foram circunstâncias julgadas por ele como desagradáveis, mas que não são o centro da questão.

Tiago nos ensina que os conflitos e a ira são resultados de desejos desordenados *que guerreiam nos membros do vosso corpo* (Tg 4.1-3). Esses desejos, ou prazeres, podem até ser legítimos, mas estão desordenados. Por estarem desordenados, seu namorado está cego para enxergar o verdadeiro mal! Por exemplo, o desejo de ter o trânsito seguro é legítimo, assim como o desejo de comer bem num restaurante. No entanto, quando esses desejos estão desordenados, assumem posições ilegítimas. Diante do mal percebido que ameaça a satisfação de desejos desordenados, seu namorado perde de vista o desejo maior do cristão: agradar ao Senhor (cf. 2Co 5.9,15). Então, ele reage com ira porque não tem o que quer e peca contra Deus porque não quer agradar a Deus acima de todas as coisas!

A Bíblia chama esse tipo de pessoa de briguenta ou furiosa (Pv 15.18; 29.22, entre outros). O homem furioso não tem controle algum do que sai de seu coração, nem do que entra. A Bíblia o descreve como alguém sem domínio próprio (Pv 16.32; 29.22). Seu namorado usa as explosões de ira numa tentativa de conseguir o que quer. Hoje ele faz isso no trânsito, depois com o garçom. Se ele não se arrepender desse padrão, fará o mesmo com você amanhã. Em nossos ministérios, encontramos homens irados que usam explosões de ira ou o silêncio irado para conseguir o que querem em casa, no trabalho, na igreja e em outros lugares. Eles precisam ser confrontados e ensinados que não devem viver para si mesmos, mas para o Senhor. Se seu namorado não

---

[13] JONES, Robert D. *Ira: arrancando o mal pela raiz*. São Paulo: Nutra, 2010, p. 19.

se arrepender, você começará a ter problemas sérios no relacionamento. No entanto, precisamos frisar que é provável que a mudança não aconteça automática ou repentinamente. Mas precisa começar. Se seu namorado não corrigir os sentimentos intempestivos humilhando-se diante do Senhor, não encontrará a graça que precisa para mudar (cf. Tg 4.6,7).

A esperança das pessoas intempestivas é que Jesus é especialista em transformar o coração. A ira é um comportamento pecaminoso aprendido; portanto, o indivíduo pode recorrer à graça de Jesus para mudar (cf. Hb 4.12-16). A palavra de alerta para quem se relaciona com a pessoa irada e briguenta é que a ira pode ser aprendida pela convivência com alguém que não se arrepende (Pv 22.24,25). Se ambos buscarem ajuda, mas a pessoa irascível não estiver disposta a dar passos de mudança, então os encorajamos a repensar o namoro, antes que um deles seja alvo das explosões de ira ou comece a reagir da mesma forma. Jesus transforma pessoas, mas a transformação de Jesus é vista em atitudes concretas!

35. COMO LIDAR COM A MENTIRA?

Eu havia convidado minha namorada para ir comigo ao cinema, mas ela me disse que tinha que estudar antes de uma prova na faculdade. Depois, eu soube que ela foi para uma festa com algumas amigas dela. Já é a terceira vez que desconfiei de que ela estivesse mentindo para mim. Estou arrasado e penso em desistir do relacionamento. O que devo fazer?

Primeiro, conforme Mateus 18.15-20, deve haver comunicação direta entre vocês dois. Vocês precisam conversar para saber exatamente o que aconteceu e por quê. Ela precisa ter a oportunidade de esclarecer algum fato talvez desconhecido, ou até mesmo pedir perdão. Nesse último caso, você deve perdoá-la (cf. Mt 18.21-35). Mas ela precisa começar a tratar a questão na esfera do coração. Mentira, em termos gerais, representa uma das piores formas de egoísmo. A pessoa mentirosa normalmente mente para se proteger de alguma consequência indesejável e está disposta a ferir relacionamentos para obter o que deseja. Esse "ídolo do coração" precisa ser exposto e destronado. O foco no outro, que é consequência da vida de Jesus em nós, precisa tomar o lugar do eu.

Ao mesmo tempo, se ela de fato mentiu repetidas vezes, deve haver uma reavaliação do relacionamento. No caso de relacionamentos de amizade e intimidade, especialmente no namoro, a mentira representa uma das maiores ameaças à saúde relacional. Se não for tratada, pode sinalizar o fim do relacionamento. Se esse é o caso, trate a mentira com a verdade. Seja honesto ao contar a razão pela qual está sinalizando o fim do relacionamento, sem uma postura vingativa.

36. E A AGRESSÃO FÍSICA?[14]

Eu e meu namorado estamos juntos há três anos. Sempre soube que ele tinha um pavio muito curto, mas eu conseguia contornar a tensão porque meu pai também era assim. Recentemente, tivemos uma discussão muito feia, e sei que falei coisas que não devia, mas em determinado momento meu namorado me agrediu fisicamente. Chorei muito, e não demorou para que ele me pedisse desculpas; prometeu que nunca mais isso aconteceria. Mas agora estou com medo. O que faço?

A agressão física constitui um problema sério e cada vez maior entre casais, inclusive no mundo evangélico. A maioria dos casos envolve agressão física pelo homem contra a mulher, mas há evidências de crescente agressão feminina contra o homem.[15] Depois do adultério e dos vícios sexuais, a agressão física representa o maior perigo no relacionamento entre duas pessoas. O que torna a agressão física tão repugnante é o fato de que o papel do homem no relacionamento deveria incluir a proteção da mulher em todos os sentidos, assim como Cristo sacrificou-se por sua amada igreja:

---

[14] Agradecemos a Sônia Lula por colaborar com dados para esta resposta.

[15] Disponível em: <http://www.agenciapatriciagalvao.org.br/index.php?option=com_content&id=1975>. Acesso em: 19 jan. 2015. Dados de 2012.

Assim, o marido deve amar sua mulher como ao próprio corpo. Quem ama sua mulher, ama a si mesmo (Ef 5.28). Pedro exorta os homens a que tratem cada um sua mulher com dignidade, como a partes mais frágeis e preciosas (1Pe 3.7).

O homem que agride a mulher, verbal, emocional, física ou sexualmente, entre outros tipos, passou de protetor a agressor. Por isso, ela se sente desprotegida, exposta e vulnerável. Se não pode confiar naquele que foi chamado para protegê-la, em quem poderá confiar?

Precisamos atentar para o fato de que o Brasil ocupa a 7ª. posição mundial em violência de gênero, com uma taxa de 4,4 homicídios para cada 100 mil mulheres, ou seja, somente na década 2000-2010 foram 43.654 mortes, um dado alarmante que indica níveis altíssimos de tolerância da violência contra as mulheres e, em muitos casos, de omissão.[16]

Deixemos claro que esse pecado também pode ser perdoado (cf. Mt 18.21-35), mas não tolerado. Há possibilidade de reconciliação em Cristo (cf. Ef 4.31,32). Mas, quando a agressão física já se manifesta no namoro ou no noivado, deve haver um acompanhamento *muito* de perto e uma avaliação muito séria por parte da mulher e da família sobre se vale a pena continuar o relacionamento.

Uma vez que a linha invisível, mas real, do desrespeito e da intolerância for ultrapassada, ficará cada vez mais fácil (e provável) de ser cruzada outras vezes. Se não houver claras demonstrações de mudança profunda e verdadeira, é melhor afastar-se enquanto ainda há tempo.

---

[16] Estudos sugerem que grande parte das vítimas já havia sofrido violência antes e que os níveis de **reincidência** são muito altos, ou seja, **problemas não resolvidos em seu momento e que posteriormente podem ter gerado resultados nefastos.** No Brasil, as violências física (44%), psicológica (<20%) e sexual (12,2%) encabeçam as estatísticas. Os principais agentes desse tipo de violência (acima de 40%) são os *pais* na infância e os *parceiros* (marido, ex-marido, namorado, ex-namorado) a partir da adolescência até a idade adulta. (Se deseja obter mais informações, acesse: <http://www.mapadaviolencia.org.br>).

37. O QUE FAZER SE NÃO SUPORTO OS AMIGOS DELE?

Gosto muito do meu namorado, mas não suporto os amigos dele. Estou errada de não querer ficar perto dos amigos dele? Às vezes, tenho a impressão de que ele também não gosta das minhas amigas...

Essa é uma situação delicada que não deve ser tratada de forma trivial. Normalmente, nos cercamos de amigos que compartilham os mesmos interesses e os mesmos valores. Se seu namorado não tem os mesmos amigos que você, tenha certeza de que não é por causa de valores radicalmente diferentes. Se assim for, sugerimos até que as diferenças entre vocês estariam "mascaradas" pelos sentimentos que agora desfrutam. O mesmo vale para a reação que ele tem com suas amigas.

Além disso, essa situação poderá dificultar bastante o convívio de vocês com outros grupos de pessoas e ambientes, nos quais podem servir juntos e aprender a viver em comunidade. Se isso é feito num ambiente hostil, vocês não terão muito êxito.

Nossa recomendação é que vocês parem tudo para fazer uma reavaliação honesta do namoro, bem como do conceito bíblico de amizade. O capítulo 20 do livro *O namoro e o noivado que Deus sempre quis* traz as principais características de um amigo verdadeiro. Reavaliem se esse relacionamento está construído com base em um amor crescente ou em meras emoções. O que se espera é que seus amigos virem os amigos dele e vice-versa. Isso faz parte de unir dois mundos distintos em um só.

38. FICOU DESEMPREGADO. É O FIM DO NAMORO?

O namoro ia bem, e estávamos começando a planejar o noivado... até que ele foi mandado embora do trabalho. E agora? Continuamos com os planos?

Sua preocupação é válida. Os planos de casamento daqui para a frente podem sofrer alterações, com uma mescla de cautela responsável e confiança ousada no Senhor. O primeiro passo é orar pela situação. Aliás, essa deve ser sempre a primeira atitude antes de qualquer passo e decisão (cf. 1Pe 5.6,7). Dessa forma, garantimos um canal aberto para ouvir o Senhor em sua Palavra e aprender as preciosas lições que uma provação desse tipo pode trazer.

Em segundo lugar, é preciso entender o estado real da situação dos planos de vocês. Até que ponto a perda do emprego impacta a projeção das finanças do casal? Provérbios 24.27 diz: *Cuida dos teus negócios lá fora, prepara bem tua lavoura e depois forma tua família.* Como a perda do emprego impactará os gastos previstos para um futuro próximo? Nesse ponto, lembramos que é preciso ter cautela e responsabilidade para não entrar numa situação que já esteja comprometida financeiramente. Portanto, não desanimem se tiverem que adiar um pouco os planos. Um dos propósitos do planejamento é ter a liberdade de fazer ajustes diante da mudança das circunstâncias.

O outro lado da moeda é a confiança ousada no Senhor. Não estamos insinuando que vocês devam "tentar" Deus e dar um passo desinformado de "fé". O que estamos enfatizando uma vez mais é que confiar no Senhor como Provedor é uma exigência de sua Palavra como resposta de fé a seu caráter santo (Mt 6.25-34). Isso não significa que Deus manterá todos os planos inalterados, mas, sim, que cuidará de vocês quanto ao que realmente precisam, e não ao que sempre sonharam. Portanto, essa será uma oportunidade de confiar no Senhor à medida que aprendem a eliminar o que não é necessário para dar seguimento aos planos. Inclusive, isso é o que teriam que fazer se o desemprego viesse duas semanas após o casamento, certo?

Procurem traçar um plano realista com a nova situação financeira. Procurem a ajuda de pessoas próximas para que tenham perspectivas diferentes (cf. Pv 11.14; 24.6). E, acima de tudo, guardem o coração contra a ansiedade e a amargura (Pv 4.23; Fp 4.6,7).

39. COMO LIDAR COM O CIÚME?

Eu gosto muito do meu namorado, mas ele vive
no meu pé por causa dos meus amigos. Às vezes,
chega a ser mal-educado com eles por causa do
ciúme. Eu fico com vergonha e me sinto sufocada. E
agora?

O ciúme nem sempre é ruim. O que muita gente não sabe é
que Deus é ciumento também (cf. Êx 20.3-5; Dt 4.24; 2Co 11.2; Tg
4.5). O ciúme de Deus é o zelo por sua própria glória (Is 48.9-11) e
pela fidelidade de seu povo (Êx 34.14; 1Co 10.22). O zelo divino é
uma característica que pode ser comunicada ao homem (2Co 11.2).
Ou seja, homens podem ter zelo e sentir ciúme como demonstração de cuidado pelos interesses de Deus e do próximo.

No entanto, assim como tantas características desejáveis e le-
gítimas, o ciúme pode ser distorcido pelo pecado. Quando está
desgovernado por interesses próprios, o ciúme se torna pecaminoso (cf. Gl 5.20), numa atitude contrária ao amor genuíno que
não arde em ciúmes (1Co 13.4, *Almeida Revista e Atualizada*). Nesse
caso, é fácil perceber seu dano. A irritação de seu namorado diante
da ameaça de perder sua atenção ou afeição é sinal de um ciúme
pecaminoso. O zelo bíblico está preocupado em proteger os seus,
e não em proteger a si mesmo (Fp 2.1-4).

Diante disso, recomendamos o seguinte:

1. Certifique-se de que o ciúme de seu namorado constitui um evento isolado, e não um padrão. A existência de um padrão com fatos concretos ajuda a partir para o passo seguinte numa conversa franca e objetiva.

2. Diante de um padrão de ciúme pecaminoso, converse com ele sobre as situações em que o ciúme atrapalha o relacionamento. Conte a ele sua percepção sobre o problema, sem atacá-lo, mas zelando pelo relacionamento.

3. Pergunte-lhe se seu comportamento pode ter gerado alguma dúvida sobre o compromisso que tem com ele. Mesmo que o ciúme dele seja pecaminoso, é possível que tenha surgido como reação a uma postura inadequada de sua parte. Isso não justifica o pecado dele, mas pode ser o início de algo mais amplo que o Senhor está fazendo no relacionamento de vocês com base em um problema que você percebeu. Não é só seu namorado quem peca e precisa crescer, certo?

4. Se ele se arrepender e quiser ajuda, perdoe-o. Fique atenta para manter uma comunicação aberta sobre o que é apropriado no trato com aqueles que causam ciúme em seu namorado.

5. Se ele persistir em demonstrações sufocantes de zelo ou cuidado, você precisa repensar se continuará num relacionamento que insiste em dar evidências de que não está crescendo em direção ao amor maduro.

40. O QUE FAZER AO SE DESCOBRIR UMA TRAIÇÃO *ON-LINE*?

Descobri que minha namorada estava entrando em salas de bate-papo e envolvendo-se em conversas com desconhecidos que eu considero, no mínimo, suspeitas. Sinto-me traído. Ela diz que não há por que me preocupar, mas estou com medo do futuro e do que pode acontecer amanhã.

Você tem razão de ficar preocupado. Embora não sejam casados, a exclusividade e a fidelidade são aspectos fundamentais do casamento bíblico (Gn 2.24; Pv 2.16,17; Ml 2.14). Se não houver confiança no caráter um do outro, haverá sérios problemas que ameaçarão o fundamento do lar.

Sabemos que *o amor não arde em ciúmes* (1Co 13.4, *Almeida Revista e Atualizada*), mas, quando há um compromisso de namoro, deverá existir também um zelo saudável pelo relacionamento a dois. Em termos gerais, um relacionamento sério de namoro e noivado deve manifestar algumas características iniciais de exclusividade sem ser exclusivista. Cada um deve manifestar sinais de confiabilidade e fidelidade, se é que há futuro para o relacionamento.

Por isso, ambos precisam conversar sobre o que consideram apropriado num relacionamento com o sexo oposto fora do relacionamento de namoro. Esse é um excelente momento para traçarem limites e preferências nessa questão. Se houver resistência de um dos dois para essa conversa, ambos precisam verificar se: 1) os limites ou preferências solicitados ultrapassaram o bom senso ou são mera demonstração de ciúme, ou se 2) a resistência de receber a perspectiva do outro já é sinal de que a fidelidade está afetada.

A linha é muito tênue entre ciúme e proteção do relacionamento, e talvez seja o caso de um conselheiro bíblico ajudá-los a respeitar esses limites.

41. O QUE FAZER SE OS LIMITES SÃO ULTRAPASSADOS?

Apesar de sempre lutar para manter um relacionamento puro, meu namorado e eu ultrapassamos os limites de carícias entre nós. Não chegamos a ter uma relação, mas só com muita luta é que conseguimos parar. Agora nos sentimos sujos e culpados. O que devemos fazer?

Uma vez que o casal ultrapassou os limites da pureza por trocar carícias ou ter relações sexuais, aumenta ainda mais a dificuldade de voltar atrás e manter o padrão correto no futuro. No entanto, é exatamente isso que precisa acontecer.

Primeiro, precisam pedir perdão um do outro e diante de Deus pelo que aconteceu. Leiam 1Tessalonicenses 4.1-8. Carícias entre pessoas não casadas constituem uma defraudação que desagrada a Deus, que é o vingador dessas coisas. Não dizemos isso de forma trivial. Confessar o pecado diante de Deus irá limpá-los da sujeira e da culpa que sentem agora (1Jo 1.9). Jesus Cristo veio para morrer na cruz por causa de pecados assim! Mas ele ressuscitou para que vocês não vivam mais presos ao ciclo da imoralidade. O que aconteceu foi sério, mas não está fora do alcance da graça e misericórdia de Deus (Rm 6.1-7)!

Segundo, ambos devem erguer algumas cercas mutuamente aceitáveis para servir de proteção contra a repetição da experiência. Essas cercas incluem disciplinas práticas, como: não ficar sozinhos no carro ou em casa à noite; evitar assistir a filmes com cenas sensuais ou eróticas; concordar em limitar abraços ou beijos etc. Esses são exemplos de como vocês podem travar "guerra" contra o pecado, fazendo morrer a imoralidade! [...] *não fiqueis pensando em como atender aos desejos da carne* (Rm 13.14). Lembre-se disso! Na guerra contra o pecado, não somos chamados para dar uma surra no pecado, mas fazê-lo morrer (cf. Cl 3.5s). Sufoquem o pecado usando tudo o que for necessário (Mt 5.29,30).

Terceiro, trabalhem juntos os passos de santificação, que incluem dizer não ao pecado, renovar a mente sobre a posição que temos em Cristo e apresentar os membros do nosso corpo a Deus como instrumentos de justiça (Rm 6.11,12). No centro da imoralidade sexual está o desejo de agradar a si mesmo, e não de agradar a Deus ou amar o próximo. Por isso, no caso de vocês, a busca por satisfação sexual fora do casamento não é uma demonstração de amor genuíno, mas de egoísmo. Trata-se da defraudação: usar o corpo do outro para satisfação própria de forma ilegítima. O arrependimento deve acontecer na esfera do coração. Se hoje vocês estão lutando com o desejo marcado pela satisfação pessoal em detrimento do bem do próximo, o evangelho de Jesus Cristo os chama a viver além de si mesmo em santificação (Ef 5.2,3; 2Co 5.15). Por isso, deixem a imoralidade e a busca pelo prazer próprio e cedam espaço para o amor genuíno, zelando pela santificação um do outro.

De preferência, tenham um casal experiente e maduro de "mentores" a quem possam prestar contas. Isso não garantirá que não cairão novamente, mas certamente ajudará na luta contra a relação sexual fora do casamento e a defraudação. Finalmente, se a luta continuar e não conseguirem controlar as paixões, deverão casar-se o mais rápido possível (1Co 7.1,2) ou terminar o relacionamento (Hb 13.4).

42. POSSO DORMIR NA CASA DO MEU NAMORADO?

Há ocasiões em que fica bem mais conveniente um de nós pernoitar na casa do outro, sempre com a presença de pelo menos outro membro da família, e em lugares separados. Recentemente, alguém questionou se não estaríamos brincando com fogo e abrindo uma brecha para a "aparência do mal". Há problema nisso?

Seria ingênuo imaginar que a pernoite do namorado ou da namorada na casa do outro não cria uma situação que no mínimo exigirá muita vigilância e prestação de contas. A presença de outras pessoas torna-se imprescindível por causa do nível de tentação e possível constrangimento nesses casos. Estar sozinhos em casa, ou ficar acordados de madrugada enquanto os outros membros da família já foram dormir, também é bastante complicado.

O texto citado na pergunta, 1Tessalonicenses 5.22 (*abstende-vos de toda forma de mal, Almeida Revista e Atualizada*) não se refere tanto à "aparência" do mal, mas a todas as possíveis manifestações do mal. Mesmo assim, é melhor evitar situações que induzem à tentação: *Fugi da imoralidade* (1Co 6.18); *não fiqueis pensando em como atender aos desejos da carne* (Rm 13.14); *Pode* [alguém] *andar sobre brasas sem queimar os pés?* (Pv 6.28); ou ainda: *não useis da liberdade como pretexto para a carne* (Gl 5.13).

Lembre-se, Deus não se impressiona com nossa habilidade em lidar com o perigo, mas instrui-nos a construir um coração cada vez mais desejoso por Jesus Cristo, marcados por uma atitude de estar o mais longe possível de situações de tentação e pecado.

Diante de tudo isso, reconhecemos que há exceções, mas, como princípio geral, é melhor não criar o hábito de passar a noite na casa do namorado ou noivo.

43. ATÉ QUE PONTO PRECISO CONTAR TUDO SOBRE O PASSADO?

Tive um passado promíscuo, antes de encontrar Cristo como Salvador. Minha vida mudou por completo, mas agora estou namorando uma moça da igreja que vem de um lar cristão muito sólido. Temo contar a ela sobre meu passado, mas também não quero ter segredos entre nós. Devo contar tudo ou não?

Parte do fundamento de todo bom casamento é a transparência, fruto da graça de Deus em nossa vida. Uma pessoa que vive o perdão de Deus no dia a dia, que se reconhece miserável pecador, salvo única e exclusivamente pela graça de Deus, não vive com máscaras, mas também não faz *show* de seu pecado; pois não fomos chamados para falar abertamente sobre as obras perversas das trevas (veja Ef 5.12).

Você não precisa entrar em detalhes, mas, se desejar um relacionamento profundo, íntimo e aberto, cedo ou tarde deverá abrir o jogo sobre seu passado. Existem questões de saúde que podem estar envolvidas, além do aspecto emocional e espiritual que acompanha a intimidade sexual. Não é necessário, tampouco sábio, contar detalhes, mas os fatos em termos gerais devem ser ditos.

Dependendo do relacionamento que a namorada tem com os pais, pode ser importante iniciar uma conversa com o pai dela sobre seu passado. Ele é o guardião do coração dela e precisa saber tudo que possa ameaçar o futuro casamento da filha. A promiscuidade pré-matrimonial certamente é uma grande ameaça.

Uma pergunta importante é *quando* conversar. Sugerimos que seja suficientemente na etapa inicial do relacionamento para dar à outra pessoa tempo e oportunidade de avaliar o compromisso, as implicações do passado e o desejo de avançar. Fazer tudo isso um dia antes do casamento não seria justo.

Recomendamos que vocês tratem do assunto uma única vez: peça perdão por seus pecados passados que, de certa forma, também foram contra sua futura esposa (pensando no plano de Deus para nossa vida); em seguida, descanse no perdão que Deus já lhe ofereceu e que ela (tomara) possa lhe oferecer. Caso ela não consiga superar o passado e estender o perdão, essa será uma indicação de que ela não é a pessoa que Deus tem para você.

Finalmente, ressaltamos a importância de você entender que a promiscuidade do passado realmente foi vencida em sua vida hoje. Um discipulado com prestação de contas servirá para manter sua vida no caminho da pureza sexual.

44. E A VIRGINDADE?

Recentemente, descobri que minha namorada não é virgem. E agora?

Casar-se com alguém virgem pode ser um sonho e uma preferência legítimos para o casamento. Não muito tempo atrás, não seria nem classificado como sonho, e sim como expectativa comum casar-se com uma pessoa virgem. Nos tempos bíblicos, a descoberta de que a noiva não era virgem exigiria a separação (veja a narrativa sobre o nascimento de Jesus em Mt 1.18-25).

Mas os tempos mudaram. A promiscuidade caracteriza o mundo atual, dentro e fora da igreja, e muitos são aqueles que engoliram os mitos que ela propaga. Diante desse quadro, cabe a nós ter atitudes ao mesmo tempo compassivas para com os que caíram quanto sérias no que concerne aos padrões bíblicos de pureza sexual.

À luz da Palavra de Deus, a pureza sexual envolve a virgindade física, mas não se limita a ela. Os padrões de Deus transcendem esse padrão. A Bíblia menciona um padrão de pureza sexual elevado: *Mas a prostituição e todo tipo de impureza ou cobiça nem sequer sejam mencionados entre vós, como convém a santos* (Ef 5.3). Ou seja, não basta ter a virgindade física e um coração carregado de impureza sexual. O padrão de Deus irá informá-lo de sua própria impureza (ainda que fisicamente virgem) e ajudá-lo a olhar com misericórdia e graça para o arrependimento da namorada.

Por isso, não há nenhuma razão por que não continuar o relacionamento com alguém que, provavelmente com muita vergonha e constrangimento, compartilhou que já perdeu um dos presentes mais preciosos que poderia ter dado ao amado ou à amada — sua virgindade. Se o arrependimento for sincero, se os padrões de vida forem refeitos e se o amor entre vocês for genuíno, deve haver espaço para uma postura de perdão humilde. Uma vez tratado o assunto, acabou. Se houve perdão sincero, não volte a tratar o assunto *nunca mais.*

Um conceito bastante coerente com a infinita graça de Deus é a "virgindade secundária", ou seja, um compromisso que a pessoa assume diante de Deus (e talvez de testemunhas) de se manter "virgem" até o casamento, mesmo depois de ter caído no passado.

No entanto, reconhecemos que as consequências relacionais para a perda da virgindade física são diferentes da impureza de pensamento ou palavras. Se você descobrir que não consegue conviver com essa revelação e com as consequentes implicações em seu relacionamento, ainda assim precisa perdoar sua namorada. Talvez precise de tempo para avaliar se poderá continuar ou não o relacionamento. Caso decidir negativamente, termine o relacionamento de forma compassiva e bíblica, com o compromisso de não difamar sua namorada por algo que o Senhor já a perdoou.

45. O QUE FAZER SE ACHEI ALGUÉM MELHOR?

Eu estou namorando faz oito meses. Gosto muito da minha namorada; ela é muito legal. Mas, nos últimos meses, uma moça nova na igreja tem despertado minha atenção de forma diferente. Estou começando a achar que estou apaixonado por outra. O que eu faço?

Sua pergunta levanta questões importantes. Precisamos de cautela para lidar com tudo o que está envolvido e não deixar nada de fora. Para isso, vamos explorar algumas possibilidades diante de cenários diferentes que podem estar por trás da mesma situação.

Em primeiro lugar, queremos chamar sua atenção para o perigo de achar que "a grama do vizinho é sempre mais verde"! Pelo que está dizendo, entendemos que você tem um relacionamento maduro com sua namorada. Assim, deve ter cuidado para manter suas afeições focadas nela e no namoro de vocês. Você não construirá um relacionamento permanente nem significativo se sua atenção se desviar para cada moça "melhor" que aparecer. Essa condição do coração, se não for corrigida, pode regar a semente de um futuro adultério! Por vezes, o engano do pecado brota do descontentamento e cresce movido pela cobiça (veja o caso extremo de Pv 5.1-14).

Não se esqueça de que os relacionamentos são cultivados com base em um compromisso. Embora o namoro não tenha o peso de uma aliança de casamento, é um compromisso que você assumiu voluntariamente. Seu coração é perverso e enganoso, e, de uma forma ou de outra, você "sempre encontrará alguém melhor" (cf. Jr 17.9). Por vezes, criamos mentiras e, infelizmente, deixamos que estas cresçam como parasitas, sugando as afeições e o entusiasmo pelo relacionamento.

Se esse for seu caso, arrependa-se. Numa situação como essa, entendemos que o arrependimento começa com a confissão a Deus pela cobiça que abriga em seu coração. Aliado a isso, repense: por quais motivos você começou a namorar oito meses atrás? Agradeça a Deus pela amizade que desfruta com sua namorada e cultive o namoro em vez de ficar preocupado em arrumar um "negócio melhor".

Em segundo lugar, queremos explorar algo que talvez esteja evidente em sua pergunta e que pode estar em seu coração por trás da dúvida. Será que essa moça não chegou num momento em que seu namoro está esfriando por motivos legítimos? Não questionamos a legitimidade da amizade que sente por sua namorada, mas perguntamos se o relacionamento está deixando de crescer porque você está sendo omisso em buscar uma solução para problemas ou diferenças que o incomodam.

É comum confundirmos paciência (Gl 5.22), virtude cristã desejável, com omissão, pecado de responsabilidade (Tg 4.17). A paciência bíblica não é inerte; ela nos move a uma atitude para crescer na semelhança com Cristo em relacionamentos que se constroem com base na verdade. Já a omissão é inerte e se conforma com a situação. A paciência leva ao crescimento; a omissão, ao esfriamento. A paciência se comunica e tem como finalidade o crescimento; a omissão fica em silêncio enquanto o relacionamento esfria.

Nesse caso, o fato de você prestar atenção em outra moça pode ser sinal de um namoro que já não deveria existir. Por causa dessa instabilidade, você certamente não está avançando em direção ao casamento e pode inclusive estar evitando o inevitável. Sua omissão precisa ser substituída pela comunicação bíblica, honesta e franca. Portanto, o que o incomoda? A comparação que está fazendo entre sua namorada e essa moça é honesta?

Se você chegar à conclusão de terminar o namoro, faça isso apontando fatos que foram percebidos adotando uma postura honesta, não simplesmente porque está sentindo algo diferente por outra. Se o namoro terminar, seja prudente, muito prudente, em se relacionar novamente. Você é responsável por cuidar dos corações envolvidos.

Em último lugar, chamamos sua atenção para o perigo de tentar se convencer de que se encontra na primeira condição se, na verdade, estiver na segunda, ou vice-versa. Peça a Deus que sonde seu coração (Sl 139.23,24) e esteja atento ao que ele irá falar em sua Palavra (não nas impressões que você tem das Escrituras). Não tome nenhuma decisão precipitada. Pode ser que você esteja "apaixonado" por uma moça recém-chegada porque ainda não a conhece bem e está iludido por sua aparência ou por pequenas qualidades superficiais. Tenha paciência. Procure alguém maduro com quem possa se abrir e conte sua situação. Convide essa pessoa para tratar dos temas mais complexos que envolvem suas impressões. Tenha paciência. Repetimos: não tenha pressa. Acalme seu coração, que é a marca de um cristão maduro (Sl 131).

46. COMO TERMINAR BEM?

Acabei de desmanchar com meu namorado. Foi uma decisão mútua e muito difícil, mas entendemos ser a melhor opção no momento. É possível manter um bom relacionamento depois do término?

Já tratamos de alguns princípios bíblicos sobre o término do namoro no primeiro , no capítulo "Quando a decisão final não é o casamento", mas podemos resumir aqui algumas considerações específicas.

1. Não é somente possível, mas obrigatório manter um bom relacionamento depois do término do namoro. Às vezes, será necessário aplicar os princípios bíblicos de comunicação direta (Mt 18.15-20), pedidos de perdão (Mt 5.23) e concessão de perdão (Mt 18.21-35; Ef 4.31,32).

2. Se o casal se precipitou em "avançar o sinal" em termos de contato físico, será necessário fazer os acertos devidos, de forma apropriada (1Ts 4.3-8).

3. Mesmo no caso de relacionamentos que terminaram mal, existe a responsabilidade bíblica: *Se possível, no que depender de vós, vivei em paz com todos os homens* (Rm 12.18). É triste encontrar no corpo de Cristo duas pessoas outrora amigas (ou namoradas) que não conseguem nem se ver

depois de terminar o relacionamento. Pior ainda quando o fim afeta não somente o casal, mas seus familiares, colegas e outros amigos. Quanta destruição Satanás tem provocado na família de Deus por causa de namoros mal conduzidos!

4. Entenda que, depois de avançar até certo ponto numa amizade mais profunda com alguém, talvez seja difícil voltar ao ponto em que o relacionamento estava *antes* do namoro por causa da dureza de coração. Mas não podemos permitir que relacionamentos sejam quebrados no corpo de Cristo. À luz de Efésios 4.32, o padrão pelo qual perdoamos uns aos outros é o perdão que recebemos de Cristo. Como éramos antes do perdão de Cristo? Inimigos. Como somos tratados depois do perdão de Cristo? Como filhos. De fato, nosso relacionamento com ele não ficou como "antes", mas, sim, melhor. Guardadas as devidas proporções, como irmãos em Cristo, só deve melhorar depois da concessão de perdão.

Todo casal de namorados deve conduzir seu relacionamento de tal forma que, mesmo terminado o namoro depois de um tempo, não terão ressentimentos, mágoas, remorso ou vergonha.

47. COMO TERMINAR O QUE NÃO DEVERIA TER COMEÇADO?

Estou namorando um rapaz não crente há seis meses. Depois de algum tempo conversando com duas amigas da igreja, entendi que não deveria ter começado esse namoro. Como faço para terminar esse relacionamento sem que ele sofra?

Em primeiro lugar, sabemos que não é fácil tomar uma decisão assim, especialmente quando todas as emoções parecem dizer o contrário. No entanto, é crucial que você tome a decisão com base no que acredita ser verdadeiro, além de levar em conta a importância de haver um "jugo igual", ou seja, a mesma fé, também no relacionamento de namoro (2Co 6.14-16), assunto que tratamos no capítulo 18 do livro *O namoro e o noivado que Deus sempre quis*.

Em segundo lugar, entendemos que não existe um caminho sem sofrimento nessa situação, principalmente porque o rapaz deve gostar de você (assim como você deve gostar dele). No entanto, a verdade é sempre o melhor caminho. Diante da situação em que você se encontra, seja direta, verdadeira e sem explicações desnecessárias que ele não entenderia. Como cristã, Deus ocupa um lugar central em sua vida, determinando o lugar das demais áreas. Continuar um namoro com alguém que não compartilha a mesma fé (mestre) e os mesmos objetivos (missão) tornará o matrimônio inviável. De duas, uma: ou você se afastará dele apegando-se ao Senhor, ou você se afastará do Senhor apegando-se a ele (cf. Mt 6.24).

Em terceiro lugar, queremos exortar sobre alguns cuidados. Essa situação envolve muitas emoções, o que pode prejudicar sua habilidade de pensar corretamente ou de tentar "voltar atrás em sua decisão". Por isso, sugerimos que você se cerque de pessoas genuinamente interessadas em seu crescimento cristão. Os candidatos naturais e bíblicos para isso são seus pais. Mas, se por alguma razão, eles não podem estar envolvidos no processo, suas duas amigas podem ajudá-la a seguir em frente com sua decisão. Conte a elas o que está prestes a fazer e estabeleça um prazo para ter essa conversa com seu namorado. Além disso, você também pode escrever o que lhe dirá. Você não precisa necessariamente ler o texto, mas o ato de escrever a ajudará a organizar as ideias.

Finalmente, não se esqueça de que o Senhor não saiu do controle. Você certamente aprendeu lições importantes nesse processo. Além disso, não sabemos o que o Senhor tem guardado para seu namorado. Ele pode usar sua obediência para impactá-lo com a realidade do evangelho. No entanto, por mais que você queira isso, muito cuidado para não embarcar na mentalidade do "namoro missionário"! Deus não nos chama para dar jeitinho em seu plano!

PARA OS NOIVOS

48. O QUE DIZER SOBRE ACONSELHAMENTO PRÉ-NUPCIAL?

Eu e minha noiva pretendemos casar daqui a oito meses. Gostaríamos de estar tão preparados quanto possível, inclusive ter aconselhamento pré-nupcial. Pode nos dar alguma sugestão? O que podemos fazer? Quantos encontros devemos ter? O que devemos estudar?

Um dos maiores fatores que contribui para o sucesso de um futuro casamento é o preparo prévio conhecido como "aconselhamento pré-nupcial". Infelizmente, em algumas pesquisas informais que fizemos, a maioria dos casais na igreja recebe pouca ou nenhuma orientação matrimonial antes do casamento. No mundo, menos ainda.

Certamente o casal pode estudar livros sobre o lar cristão.[17] O ideal seria uma série de estudos, de preferência em oito ou mais encontros, em que um casal de conselheiros com um casamento saudável (não "perfeito") supervisiona conversas arraigadas nas Escrituras sobre os vários aspectos do relacionamento conjugal.

---

[17] Veja, por exemplo, o livro *Estabelecendo alicerces*, da série *Construindo um Lar Cristão*, escrito pelo casal Merkh (Hagnos); ou o de Jaime Kemp, *Antes de dizer sim* (Mundo Cristão); ou o de Timothy & Kathy Keller, *O significado do casamento* (Vida Nova), entre outros.

Esse casal não precisa fazer tudo sozinho; pode recrutar outros casais conhecidos para direcionar alguns dos estudos específicos (por exemplo, finanças, comunicação ou sexualidade). O importante é que os assuntos básicos que afetam o lar sejam tratados cuidadosamente pelo casal, à luz das Escrituras, antes do casamento.

Um amigo nosso, o pastor Marcelo Dias, desenvolveu um esboço sobre a importância desses encontros e os assuntos essenciais para esse acompanhamento, que apresentamos a seguir:

A IMPORTÂNCIA DO ACONSELHAMENTO PRÉ-NUPCIAL

1. Promove famílias fortes na igreja que ajudam outras famílias.
2. Ajuda a prevenir problemas futuros.
3. Esclarece ideias erradas e dúvidas diversas sobre o casamento.
4. Inicia o processo de mudança em áreas que são importantes para o começo do casamento.
5. Desenvolve amizade e abertura com o casal para resolução de problemas futuros.
6. Ajuda na decisão final (casar-se ou não com esta pessoa).

COMO REALIZAR

1. Promova encontros descontraídos (em casa, passeios, viagens, refeições etc.).
2. Reúnam-se em locais e horários sem interrupções ou pressões.
3. Arque com as despesas ou divida-as (ajuda a promover intimidade e confiança mútua).
4. Esteja disposto a investir tempo de estudo nos assuntos abordados.

ASSUNTOS ABORDADOS

É importante conversar sobre assuntos que o casal de aconselhados gostaria de abordar ou nos quais tenha dúvidas. Veja "Conselhos pré-matrimoniais", na Parte 3 deste livro, para obter uma descrição de assuntos e roteiro para o aconselhamento pré--nupcial.

49. E QUANDO OS PAIS TÊM EXPECTATIVAS DIFERENTES?

Nosso namoro foi muito bem, mas, quando começamos a planejar o casamento, de repente começaram conflitos entre meus pais e os pais dela — e entre nós. Não sabemos a quem devemos obedecer ou honrar. O que fazer?

Beco sem saída? "Se ficar, o bicho come; se correr, o bicho pega"? São assim que alguns descrevem o que sentem numa situação como essa. Não importa o que faça, parece que você sempre agrada a um para desagradar a outro. O namoro ou o noivado nessa situação se transforma num jogo de xadrez, envolvendo estratégias mirabolantes, mas que sempre acaba em "xeque-mate"! O que fazer?

Antes de mais nada, você deve reconhecer que agradar a pessoas não é o alvo do cristão, nem do relacionamento de vocês (Gl 1.10). Isso não quer dizer que o que as pessoas pensam não importa! Ainda mais quando estamos falando dos pais. Se aconselhássemos vocês a ignorar a opinião de seus pais neste momento, seríamos incoerentes com tudo o que já falamos sobre o relacionamento com eles. No entanto, o problema persiste: diante do desacordo entre os pais, o que fazer?

Vocês nunca estarão numa situação em que a única alternativa seja pecar. Essa garantia parece condizente com o que a Bíblia ensina sobre tentação, provação e livramento (cf. 1Co 10.13). Em sua graça e misericórdia, Deus não nos deixa num "beco sem saída"! Se em cada um dos lados vocês não encontram saída, é hora de olhar para cima! Deus é socorro sempre presente. O socorro de Deus vem na sabedoria que sua Palavra nos oferece (Pv 2.1-11).

Orem ao Senhor, pondo essa situação e suas implicações diante de Deus. Nunca desprezem o papel central de buscar o Senhor em momentos assim. Sem sombra de dúvida, passar por essa situação terá um efeito didático sobre vocês e forjará um relacionamento maduro com base na oração e na paciência.

Sejam honestos em sua comunicação. Muito cuidado para não pôr os pais de um contra os do outro quando tratarem do tema diretamente com eles sobre toda a situação (Ef 4.31). Escutem as preocupações de todos os envolvidos. É bem provável que todos estejam buscando o melhor nessa situação. O que acontece é que o melhor de cada um é diferente do outro. Por isso, as conversas precisam ser pautadas pelas verdades absolutas da Palavra de Deus e conduzidas por pessoas que estão crescendo no caráter de Jesus, que é manso e humilde de coração (Mt 11.29). Se ambos os pais insistem em não viver assim, sejam vocês o referencial de Jesus no relacionamento.

Guardar o coração um do outro também envolve a comunicação de cada um sobre os pais do outro. Não se esqueçam de que *honrar pai e mãe* (Êx 20.12) aplica-se aos pais de ambos. Nessa jornada juntos, vocês vão precisar aprender a honrar os dois. Joel R. Beeke nos lembra de algo muito importante e, infelizmente, esquecido: "Quando [você] faz um esforço para amar, honrar e tolerar com paciência os defeitos de seus sogros, você demonstra amor por seu cônjuge. Você está dizendo: 'Eu amo você, por isso amarei as pessoas que são uma parte importante da sua vida'."[18]

---

[18] BEEKE, Joel R. *Amigos e amantes*. São Paulo: Vida Nova, 2012, p. 47.

50. COMO SABER SE TEREMOS COMPATIBILIDADE SEXUAL?[19]

Eu gosto muito da minha namorada. Estamos juntos há dois anos. Temos planos concretos de nos casar e estamos muito empolgados. Mas e se não formos sexualmente compatíveis?

A ideia da "compatibilidade sexual" é resultado de conceitos propagados em nossa cultura que enfatizam o prazer e a *performance* sexual como pilares do sexo saudável. Se esses conceitos não forem desafiados com a verdade bíblica, seu receio irá levá-lo a dúvidas sobre a qualidade de sua futura experiência sexual e do plano de Deus para o sexo dentro do casamento. Em um futuro não muito distante, esse mito pode até mesmo deixá-lo vulnerável a um relacionamento adúltero. Por isso, precisamos tratar desse assunto tão importante e urgente.

Sem dúvida alguma, o sexo é uma parte importante do casamento. No entanto, isso não significa que o sexo seja a parte mais importante dele em detrimento de outros aspectos vitais para o relacionamento saudável. O "sexo foi criado para o homem, mas

---

[19] Grande parte das ideias dessa resposta está baseada no excelente artigo escrito por Hafeez Baoku para o *blog* do *The gospel coalition*. Disponível em: <http://www.thegospelcoalition. org/article/the-problem-with-sexual-compatibility>. Acesso em: 16 jul. 2015.

o homem não foi criado para o sexo"[20] Ou seja, o sexo nos é dado como um presente no casamento para servir ao futuro cônjuge (cf. 1Co 7.1-3). O prazer sexual será resultado da busca de ambos pelo prazer do outro, desfrutando dessa dádiva de Deus para o casal *casado*. Portanto, a verdadeira "compatibilidade sexual" não está limitada aos prazeres resultantes ou à frequência. O sexo que glorifica a Deus é resultado da intimidade do casamento que ocorre num ambiente de confiança, amor e respeito, construído no compromisso de uma aliança matrimonial.

O que potencializará a experiência sexual dentro do casamento não são meras técnicas sexuais. O que torna a experiência sexual progressivamente mais deleitosa é o relacionamento cada vez mais íntimo no matrimônio. Casais que crescem no aprendizado de servirem um ao outro desenvolvem intimidade em todos os níveis, inclusive sexual. Joel R. Beeke esclarece da seguinte forma:

> Se você tocar frequentemente o coração da sua esposa por meio de palavras amáveis e atitudes que inspirem confiança, é bem provável que fique satisfeito ao descobrir o que acontece quando tocar o corpo dela.[21]

Por isso, alguns dizem que o segredo do bom sexo não está na cama, mas, sim, na cozinha — numa alusão à boa convivência do casal em todas as esferas do relacionamento.

---

[20] BAOKU, Hafeez. *The problem with sexual compatibility*. Disponível em: <http://www.thegospelcoalition.org/article/the-problem-with-sexual-compatibility>. Acesso em: 16 jul. 2015.

[21] BEEKE, Joel R. *Amigos e amantes*. São Paulo: Vida Nova, 2012, p. 65.

51. ESTÁ CHEGANDO... MAS ESTOU COM MEDO. O QUE FAZER?

Estamos com o casamento marcado para daqui a quatro meses. Tudo parece bem, gostamos bastante um do outro e nossos pais aprovam o relacionamento. Mas estou muito nervosa e com medo. E se ele não for a "pessoa certa"?

Vocês parecem que estão numa caminhada com evidências que mostram o crescimento e a maturidade de ambos. O amor que tem um pelo outro parece estar crescendo. Ambos os pais deram sinal verde! O que parece estar errado? Bom, é comum certo receio e nervosismo diante da proximidade da data do casamento. Vemos até que o medo tem uma função importante em nos deixar em estado de alerta diante de situações que exigem atenção ou precaução. No entanto, esse receio pode se tornar algo preocupante quando ameaça roubar a alegria característica dessa fase ou oportunidade de continuar servindo a Deus no relacionamento. Abaixo, sugerimos quatro causas comuns do nervosismo exagerado antes do casamento:

- **Mito da vontade ideal de Deus:** no capítulo 9 do livro *O namoro e o noivado que Deus sempre quis,* tratamos amplamente sobre essa compreensão equivocada da vontade de Deus.

Em linhas gerais, o mito da vontade ideal de Deus nos levará a procurar "a pessoa" como se Deus estivesse escondendo informações importantes num jogo de cartas. O que entendemos da Palavra é que nosso papel é ocupar-se em aplicar os princípios de orientação divina revelados na Escritura. Desse modo, se vocês estão seguindo os princípios bíblicos e o "sinal continua verde", a não ser no caso de uma intervenção clara e abrupta da providência de Deus, vocês estão se casando com a pessoa certa.

- **Medo do sofrimento.** Vinculado ao ponto anterior, aqueles que advogam o "mito da vontade ideal de Deus" associam à falha em encontrá-la o sofrimento futuro. Algo mais ou menos assim: "Se eu não me casar com a pessoa ideal preparada por Deus, terei um casamento sofrido e triste". Esse tipo de pensamento reflete uma visão errada sobre a vontade de Deus, sobre o casamento e sobre o papel do sofrimento na vida em geral. Em muitos momentos, o casamento será palco de certo sofrimento em diversos níveis. Isso não é necessariamente ruim. Afinal, o sofrimento é resultado da "talhadeira" de Deus na vida de seus filhos. E o casamento é uma ferramenta útil nas mãos de Deus para torná-los mais parecidos com Jesus.

- **Comunicação falha.** Algumas pessoas começam a ficar extremamente receosas porque a comunicação não é honesta. Embora falem que está tudo bem, existem situações não tratadas que começam a perturbar a consciência de um ou de ambos. Conflitos não resolvidos é sinônimo da ausência da paz de Cristo. Isso não quer dizer que o casamento não deva acontecer, mas que o casal precisa sentar para resolver conflitos. O capítulo 23 do livro *O namoro e o noivado que Deus sempre quis* expõe princípios bíblicos importantes para uma boa comunicação. Façam a leitura e a aplicação de cada um deles para começarem o casamento "zerados" de problemas não resolvidos.

- **Sentimento de perda.** Unir-se ao outro implica "deixar pai e mãe". Para alguns jovens, esse é um passo triste. Por mais alegre que seja o casamento e seus pais expressem total aprovação da união, a ideia de deixar a casa dos pais pode trazer um sentimento de tristeza. Isso é comum e até certo ponto saudável. É a evidência de um bom relacionamento com os pais. No entanto, pode ter outras coisas não tão saudáveis por trás disso. Alguns ficam tristes porque perderão as condições privilegiadas em que vivem ou até mesmo a "mordomia" de que desfrutam. Deve-se tomar cuidado para não manipular as pessoas ao redor com essa tristeza! O casamento é muito bom e também uma oportunidade constante de servir (em vez de ser servido). Hora de amadurecer!

52. TER OU NÃO TER FILHOS?

Somos muito criticados porque não queremos ter filhos depois do casamento. Estamos errados? É preciso ter filhos no casamento?

No capítulo 5 do livro *O namoro e o noivado que Deus sempre quis*, lidamos com parte dessa pergunta. Entendemos que a família tem um propósito importante no plano de Deus. Homem e mulher foram criados à imagem e à semelhança de Deus e são chamados a espalhar essa imagem e semelhança para a glória de Deus por meio da procriação. No entanto, também afirmamos que a procriação por si só não reproduz a perfeita imagem e semelhança de Deus na terra. O pecado distorceu a imagem e semelhança de Deus no homem (cf. Gn 3). Essa distorção é transmitida de geração a geração (cf. Gn 4).

Para a redenção da distorção, Deus mandou seu Filho, representante perfeito da imagem e semelhança dele (cf. Jo 14.6; Hb 1.1-4). Jesus viveu a vida perfeita que você e nós não conseguimos viver. Ele agradou ao Pai em tudo (cf. Mt 3.17; 17.5). Foi seu sangue derramado na cruz que tornou possível agradar a Deus em tudo (cf. 2Co 5.15). Uma vez em Cristo, somos chamados a imitá-lo e andar como ele andou (cf. 2Co 5.20; Ef 5.1; 1Jo 2.6). Portanto, o compromisso de cada cristão é propagar a glória de Deus por

PERGUNTAS E RESPOSTAS SOBRE O NAMORO E O NOIVADO (QUE DEUS SEMPRE QUIS)

meio da multiplicação de semelhantes para o reino de Deus. Para isso, contamos com a procriação (cf. Gn 1.28), mas também com o discipulado (cf. Mt 28.18-20). Cremos que o casal cristão precisa "considerar seu lugar na seara do Senhor e verificar que suas vidas contribuam para a expansão do reino de Deus por meio de adoradores em Espírito e em verdade".[22]

Então, respondemos a essa pergunta com outra pergunta: De que forma vocês estão planejando reproduzir e espalhar a imagem de Deus na terra? Por vezes, vemos casais decidindo não ter filhos pela conveniência do uso de métodos contraceptivos e para evitar a "inconveniência" de ter filhos. Essa mentalidade precisa ser desafiada com a verdade bíblica. Os filhos não são inconvenientes obstáculos para que vocês desfrutem um relacionamento conjugal íntegro neste mundo. Os filhos são bênção do Senhor (cf. Sl 127.3). Também afirmamos que os filhos não são mera realização de um sonho pessoal. Os filhos são "agentes especiais para alcançar o mundo com a glória de Deus".[23] Por isso, é o compromisso do casal em ver a glória de Deus por meio da procriação e do discipulado que os orientará na decisão de ter filhos e de quantos filhos terão.

Para que vocês considerem:

1. Por que não queremos ter filhos?
2. Do que temos medo ao pensar em ter filhos?
3. O que a Bíblia nos diz sobre esses medos?
4. Existe algo que acreditamos que iremos perder (ou deixar de desfrutar) se tivermos filhos? Isso é verdadeiro? É compatível com a Palavra de Deus?
5. Como ter filhos (ou não) nos ajudará a cumprir o propósito para o qual Deus nos chamou no casamento?

---

[22] MERKH, David e MENDES, Alexandre. *O namoro e o noivado que Deus sempre quis*. São Paulo: Hagnos, 2014, p. 72.

[23] IBID., p. 71

53. COMO DECIDIR SOBRE PLANEJAMENTO FAMILIAR?

Queremos ter filhos quando nos casarmos, mas não queremos ter filhos nos primeiros anos do casamento. O que vocês nos recomendam?

Antes de tudo, é preciso reconhecer que é o Senhor quem dá ou não filhos (Sl 113.9). Em nosso orgulho, achamos que podemos controlar de forma absoluta o número de filhos, quando queremos tê-los e até mesmo o sexo de cada um deles. Nossa responsabilidade é exercer a boa mordomia do chamado de espalhar a glória de Deus por meio da procriação e do discipulado. Por isso, vocês precisam pensar na real razão por que vão esperar para ter filhos, por quanto tempo e que métodos usarão para administrar isso. Todas essas decisões precisam ser submetidas a uma avaliação da Palavra de Deus e das motivações do coração diante da responsabilidade dada por Deus no casamento.

Há muitos fatores que devem ser considerados quanto ao número de filhos que o casal deve ter e quando, sempre lembrando que Deus é soberano e que pode dar ou reter filhos conforme sua vontade.

Em Deuteronômio 24.5, lemos: *Quando um homem for recém-casado, não sairá à guerra, nem assumirá cargo público. Ficará livre em casa durante um ano inteiro, para se alegrar com a mulher com a qual se casou.* À luz do contexto anterior, que trata do regulamento do divórcio (24.1-4), entendemos que o versículo estabelecia a importância do primeiro ano de adaptação conjugal, justamente para se evitar a separação e o divórcio. Contudo, existia uma boa possibilidade de que a felicidade da mulher também incluía um herdeiro para manter vivo o nome da família em Israel. Tudo isso para dizer que a estabilidade conjugal e a bênção de ter filhos devem ser cuidadosamente equilibradas pelo casal. Questões financeiras, envolvimentos ministeriais, responsabilidades com pais idosos, a própria saúde do relacionamento conjugal e outros fatores precisam ser tratados diante de Deus.

De forma geral, se vocês optarem por métodos contraceptivos, devem escolher métodos não abortivos. Para isso, precisam conversar sobre o que entendem pelo início da vida e estudar quais métodos evitam seu início (não abortivos) e quais métodos impedem seu desenvolvimento (abortivo). É muito importante essa conversa e estudo para o exercício da boa consciência num assunto tão importante, mas infelizmente tão ignorado entre os casais. Lembrem-se, essa não é responsabilidade do médico, mas do casal. Consultem os médicos, mas a decisão final é de ambos.

Também lembramos sobre os efeitos colaterais que alguns métodos podem ter no organismo, principalmente nas mulheres. Estejam atentos aos efeitos colaterais, pondo sempre na balança se compensam seus benefícios.

Para um bom e amplo tratamento do assunto, recomendamos o livro *Deus, casamento e família: reconstruindo o fundamento bíblico*, de Andreas J. Köstenberger e David W. Jones.[24] O livro faz uma avaliação honesta, bíblica e bem informada dos métodos disponíveis e suas implicações para a ética cristã.

---

[24] São Paulo: Vida Nova, 2011.

54. COMO LIDAR COM A VERGONHA DAS NÚPCIAS?

Está tudo pronto para o casamento! Fizemos o planejamento de tudo para o grande dia, e o aconselhamento pré-conjugal foi muito proveitoso. Mas confesso que estou com muito receio da noite de núpcias e com muita vergonha da intimidade com meu futuro marido.

O medo e a vergonha são emoções poderosas. As pessoas tomam atitudes indesejadas como consequências do medo e da vergonha que controlam o seu coração. Parte desse incômodo deve-se justamente a isso. Você não quer sentir medo nem receio da intimidade ou da nudez na noite de núpcias, mas suas emoções gritam o contrário. Sabe que o contexto do casamento deve ser um lugar de confiança para desfrutar da intimidade, mas seu medo parece crer no contrário. As razões possíveis para tal desencontro são diversas. Mas o antídoto encontra-se nas verdades do evangelho.

A vergonha da nudez acompanha a história da humanidade há muito tempo. Esse foi o primeiro sinal evidente do pecado (cf. Gn 3.7). Pela primeira vez, foi a marca de que estávamos expostos e vulneráveis. A primeira tentativa de Adão e Eva para lidarem com a vergonha da nudez foi fazer uma roupa com folhas de figueira.

Contudo, essas roupas não foram suficientes. O Senhor fez para eles vestimentas de pele (cf. Gn 3.21). Note: o Senhor fez para eles uma roupa de pele que substituiu a roupa de folhas de figueira. Sem entrar em muitos detalhes, fica claro que quem lida com a cobertura da vergonha é o Senhor, e não o homem. Em última análise, a resposta para a vergonha encontra-se no Senhor, e não nas tentativas do homem. Sua confiança precisa estar alicerçada no que o Senhor fez por você, e não em "folhas de figueira".

Joel R. Beeke nos lembra:

> ... a vida cristã é, do início ao fim, movida pela fé em Cristo. [...] Se um relacionamento sexual repleto de amor com seu cônjuge é a vontade de Deus, então Jesus Cristo pode dar-lhe a graça plena e suficiente para cada vez mais fazer a vontade de Deus nesse sentido.[25]

Portanto, a noite de núpcias será mais um contexto no qual você deverá exercer sua fé em Jesus Cristo e depender da graça abundante do Senhor para servir a seu futuro marido sexualmente. Sua segurança não estará em sua forma física ou em sua *performance* sexual. Sua segurança está no amor de Deus derramado em Cristo Jesus por você. É o amor de Deus que garante a você e a seu futuro marido todos os recursos de que precisam para crescer num relacionamento sexual cada vez mais prazeroso como resultado de um relacionamento mais amplo e livre da vergonha do pecado.

Por isso, encorajamos você a orar sobre o tema. Confesse a Deus seu medo e ponha sua segurança no que Cristo fez, e não em sua aparência ou *performance*. Sua vulnerabilidade diante de Deus fortalecerá em você a segurança que tem em Cristo. E será sua segurança em Cristo que a fortalecerá diante da vulnerabilidade que experimentará diante de seu futuro marido!

---

[25] BEEKE, Joel R. *Amigos e amantes*. São Paulo: Vida Nova, 2012, p. 81.

55. FIQUEI GRÁVIDA. E AGORA?

Estou namorando há um ano e sete meses. Nosso namoro estava indo bem, mas começamos a ter problemas na área sexual. Descobri há duas semanas que estou grávida dele. Estou com muito medo e vergonha. O que faço?

Você está diante de uma situação que traz mudanças significativas e permanentes daqui para a frente. Para enfrentá-la, precisará tomar decisões imediatas. Temos uma lista de sugestões práticas que vocês devem considerar:

1. **Orem e confessem a Deus seu pecado.** Parece óbvio, mas esse primeiro item da lista é o mais importante e o mais esquecido em situações de crise. A gravidez nesse caso é fruto de um pecado contra Deus. O sexo fora do casamento é uma forma de *imoralidade sexual* (cf. 1Ts 4.3). Ambos pecaram contra Deus e agora precisam confessar seu pecado diante dele (cf. 1Jo 1.9). É possível que venham a duvidar do perdão de Deus e continuem a sentir-se culpados. Nesse caso, lembramos a vocês que receber o perdão de Deus não é uma resposta emocional, mas, sim, um ato de fé. Creiam que, ao confessar seu pecado, ele é fiel e justo para perdoá-los da imoralidade sexual e purificá-los dessa condição.

2. **Busquem e concedam perdão.** O pecado não foi apenas contra Deus, mas de um contra o outro. Vocês não souberam usar o próprio corpo como instrumento de santificação e honra e precisam do perdão um do outro (1Ts 4.3-8). Também precisam procurar os pais de ambos e os líderes da igreja para confessar o pecado que manchou o nome de Jesus e pedir-lhes perdão.

3. **Não encubram o pecado com mais pecado.** O medo das consequências pode tentá-los a usar da mentira ou até mesmo fazer um aborto para encobrir o pecado. Mas não se enganem: é impossível encobrir o pecado com mais pecado (cf. Nm 32.23).

4. **Assumam um compromisso com a verdade.** A forma correta de tratar o pecado é sempre com a verdade. Nessa situação, vocês não têm como evitar o conhecimento público do pecado que cometeram. Só existe um lugar para onde correr agora: a graça perdoadora de Cristo, que recebe aqueles que andam na verdade, pois ele é a verdade (cf. Jo 14.6). A verdade de Jesus é que ele perdoa os quebrantados de coração e os restaura em sua infinita graça. Essa é a segurança em que devem se basear para contar aos pais o que aconteceu.

5. **Andem em pureza.** Essa gravidez é fruto de um pecado sexual. Vocês não foram chamados para andar em impureza, mas, sim, para andar em puro amor. Arrependam-se da maneira como têm vivido e andem em pureza (cf. Ef 5.2,3). Certifiquem-se de que estão cercados de pessoas dispostas a ajudá-los a crescer em santidade.

6. **Estejam prontos para surpresas desagradáveis.** Nossa intenção não é podar ninguém, mas alertá-los de possíveis desdobramentos que não estejam esperando. É provável que as juras de amor eterno que ambos tenham trocado sumam no vendaval dessa provação. O namorado pode mostrar um lado que a namorada até então não

conhecia: a covardia. Estejam prontos para isso e para a reação inesperada de amigos e amigas. Nem todo mundo reconhece a esperança da graça restauradora de Cristo em meio ao pecado. Por isso, os círculos de relacionamentos podem mudar bastante.

7. **Assumam as consequências.** A maturidade é desenvolvida quando assumimos as consequências de nossas atitudes. A moça será mãe e terá que acelerar um aprendizado que estaria programado apenas para depois. Ela deve começar a se preparar para cuidar de um bebê e criar um filho debaixo do temor do Senhor. Não deve ter pressa de se casar com o pai da criança. Por mais desejável que seja ter esse bebê num lar estruturado, o casamento é maior que a criança. A ambos, dizemos que vocês já deram evidências de imaturidade e agora precisam de ajuda para entender quando estarão prontos para assumir um casamento para a glória de Deus em vez de viver buscando satisfação própria.

56. COMO LIDAR COM A TRAIÇÃO NO NOIVADO?

Depois de 4 anos de namoro, fiquei noiva. Mas, nesse período, nos afastamos da igreja. Sofri muito, pois meu noivo aprontava demais comigo, mas eu sempre o perdoava. Ele já não me dava mais atenção nem carinho como antes. Então, não sei por que, acabei traindo-o. Voltamos para a igreja, e eu lhe contei toda a verdade. Ele terminou comigo, mas um tempo depois voltamos. Agora, ele quer me deixar de novo, pois diz que não aguenta mais e só fica pensando no que eu fiz. Estou sofrendo muito! O que faço?

Realmente sua situação é difícil. Há vários fatores que nos preocupam, entre os quais:

1. O fato de o namorado cansar do relacionamento e *aprontar* com você.

2. O fato de o namoro ter afastado vocês da igreja.

3. O fato da traição em si, que revela atitudes e motivações na esfera do coração que precisam ser examinadas e tratadas.

4. A ameaça de uma nova separação.

Diante de todos esses fatores, que indicam muita instabilidade no relacionamento, precisamos perguntar: Será que esse namoro realmente é da vontade de Deus? Se é verdade que pelos frutos conhecemos a motivação das pessoas, convém admitir que os frutos desse relacionamento não são nada bons.

Isso não significa que acabou toda a esperança. Mas sem um acompanhamento bem de perto e mudanças radicais no relacionamento, sugerimos no mínimo que se afastem durante determinado período para cada um avaliar o motivo do namoro, o nível do compromisso com o relacionamento e a vontade de cada um em continuar ou não.

As evidências apontam que vocês não têm um objetivo claro para esse relacionamento. Por isso, se querem um relacionamento que vise ao casamento, as razões por trás da traição precisam ser tratadas. Entendemos que vocês não saibam quais são, mas elas existem e precisam ser expostas para que haja uma correção de trajetória e arrependimento genuíno. Esse processo envolverá a aplicação do perdão bíblico (cf. Ef 4.32), assim como uma postura madura por parte de ambos na comunicação. Tenham muita paciência um com o outro, pois um *irmão ofendido resiste mais que uma fortaleza* (Pv 18.19, ARA).

É sempre *muito* importante para nós nesses casos saber do envolvimento e da opinião de: a) pais; b) pastores e líderes espirituais; c) irmãos, irmãs e amigos próximos. Essas pessoas estão a favor ou contra o relacionamento? Se estão contra, já existe um grande alerta de que esse namoro não seja sábio, pois Deus usa as autoridades na nossa vida para nos direcionar (Pv 21.1; 1Pe 2.11s). Prestem atenção a essa "multidão de conselheiros".

Essas respostas talvez não sejam de seu agrado. Que Deus lhes dê muita sabedoria para lidar bíblica e sabiamente com o passado para poderem planejar um bom futuro.

57. COMO LIDAR COM EXPECTATIVAS DIFERENTES SOBRE A LUA DE MEL?

Minha noiva quer viajar para conhecer lugares diferentes durante a lua de mel, mas confesso que fiquei um pouco decepcionado. Eu pensei que nem teríamos tempo para isso! Como posso sugerir para que ela mude de ideia?

Entendemos que você está animado com a proximidade do casamento e com grandes expectativas quanto ao tempo com sua futura esposa na noite de núpcias e lua de mel. Vamos ser francos, depois de tanto tempo de espera, é de esperar que queira desfrutar dos prazeres do sexo no contexto do casamento. No entanto, será frustrante se não ajustar suas expectativas para a lua de mel de acordo com o que a Palavra de Deus ensina sobre sexo.

Muitos rapazes têm a ilusão de que tudo o que farão com a esposa nos primeiros dez anos de casamento é sexo. Uma visão distorcida do lugar do prazer no sexo leva a uma expectativa irreal e, consequentemente, à frustração na lua de mel e depois. O prazer sexual é uma parte importante do relacionamento conjugal, mas não é a base do casamento.

Existem muitas coisas para pensar sobre a lua de mel a fim de garantir um bom pontapé inicial no relacionamento a dois. Dave Harvey descreve esse começo da seguinte forma:

> A maioria de nós entra no casamento completamente despreparado para ele. Não importa qual tenha sido a nossa experiência anterior, recém-casados devem chegar à noite de núpcias vendo-se a si mesmos como principiantes na aventura do sexo bíblico. De maneira ideal, o relacionamento sexual no casamento torna-se um processo de descobrir como deleitar o cônjuge com meu corpo. E sabe uma coisa? A aventura permanece durante todo o tempo em que ambos forem vivos.[26]

A satisfação sexual vai além da *performance* de um ato em si, mas é resultado de um conhecimento profundo do cônjuge. Por isso, não desconsidere fazer passeios na lua de mel com sua futura esposa e construir um relacionamento além da cama. Não subestime quanto você pode servir e conhecer sua jovem esposa nos passeios que ela tanto anseia fazer com você.

---

[26] HARVEY, Dave. *Quando pecadores dizem "sim"*. São José dos Campos: Fiel, 2012, p. 147.

58. SURGIU UMA DOENÇA GRAVE. O QUE FAZER?

Minha noiva foi diagnosticada com uma doença debilitante, e estamos para casar em sete meses. Estou com muito medo do que pode acontecer e culpado de terminar com ela. O que eu faço?

Sem sombra de dúvida, não há um caminho fácil numa situação assim. Se você continuar o relacionamento, enfrentará a dor de ver sua amada adoecendo e será responsável pelo cuidado de sua saúde debilitada. Por outro lado, se terminar o relacionamento, sofrerá a saudade de uma situação sem volta, lutará contra o sentimento de culpa e até mesmo terá que lidar com o julgamento pecaminoso de algumas pessoas. Por isso, precisamos de parâmetros mais firmes do que nossas emoções e impressões para responder a essa situação. Precisamos da verdade da Palavra de Deus que nos corrige em nossos pensamentos equivocados e emoções dúbias.

Casamento é, antes de tudo, uma aliança de companheirismo que conta uma história de Cristo com a Igreja (cf. Ef 5.22-33). Por isso, o estado de saúde dos noivos não determina o sucesso do casamento. O estado debilitante de saúde pode pôr fim a alguns sonhos e preferências, mas não ao sucesso do casamento na perspectiva de Deus. Nesse sentido, a doença pode ser justamente a oportunidade necessária para mostrar a beleza de Cristo e da Igreja. Não deixe de considerar esse aspecto com muita oração e temor.

No entanto, o casamento também é uma aliança que fazemos diante do Senhor com base nas informações que temos hoje. Diferentemente de um diagnóstico dado após o casamento, sua situação traz uma informação antes do casamento que traz implicações claras para o casamento. Agora é hora de entender o progresso natural do diagnóstico para compreender o que está assumindo e até mesmo o que espera sua noiva nos próximos meses e anos.

Não assuma um relacionamento movido pela culpa, mas, sim, por amor e pelo desejo de servir à sua futura esposa. Não termine um relacionamento apenas por conveniência. Mas avaliem honestamente quanto o diagnóstico impacta o cumprimento do propósito do casamento, validando ou não sua continuidade.

59. O QUE DIZER SOBRE O CASAMENTO CIVIL?

Por motivos de trabalho do meu noivo e minha inclusão no plano de saúde da empresa, faremos o casamento civil antes do religioso. Está errado?

Não está errado, mas o processo precisa ser bem pensado na cabeça de todo mundo. O ideal é fazer que o casamento civil e o religioso aconteçam num intervalo de tempo curto. A razão disso é proteger seu coração e o coração de seu noivo. Um casamento civil antes do religioso pode gerar uma confusão dos privilégios que vocês já podem desfrutar ou não (por exemplo, o sexo).

Oferecemos aqui uma definição funcional de casamento bíblico:

- O casamento bíblico é uma aliança (cf. Pv 2.17; Ml 2.14; Gn 2.24) heterossexual (cf. Gn 2.24; 1Tm 3.2,12; 5.9; Tt 1.6), de exclusividade e fidelidade (cf. Gn 2.24), vitalícia (cf. Mt 19.6), selado diante de Deus (cf. Pv 2.17; Ml 2.14) e testemunhas, coerente com as leis comunitárias (cf. 1Pe 2.13s; Rm 13.1s), simbolizado e concretizado pela união sexual (cf. Gn 2.24; Hb 13.4).

- O casamento civil é suficiente para constituir um casamento legal. Mas, quando o casal planeja um casamento religioso, entendemos que a integridade ética requer que a consumação de fato se realize somente depois dessa cerimônia. O compromisso do casal para com a pureza sexual entre a cerimônia civil e a religiosa não pode ser negociado.

Não se esqueça de que a data de casamento na certidão acompanha a realização do casamento civil, e não a do religioso.

E MAIS...

E MAIS...

60. "NÃO QUERO ME CASAR". ALGUM PROBLEMA?

Eu não quero me casar. Tem algo errado comigo?

Boa pergunta. Em certo sentido, gostaríamos que mais jovens refletissem sobre o celibato. Numa sociedade sensualizada e humanista, o celibato não é entendido nem tratado pela perspectiva dos princípios bíblicos. Se, por um lado, acreditamos que o casamento é o curso comum para a humanidade (*Não é bom que o homem esteja só* [Gn 2.18]), por outro, reconhecemos que a Bíblia aponta o celibato como opção desejável em certas circunstâncias. Por isso, você precisa estar atento a essas circunstâncias para não adotar um estilo de vida celibatário pecaminoso. Esperamos que esses curtos parágrafos o desafiem a pensar no assunto biblicamente.

O celibato bíblico é uma concessão desejável para os que querem se dedicar de forma exclusiva às coisas do Senhor (cf. 1Co 7.32). O investimento no reino de Deus é a razão pela qual o celibato se torna desejável. Isso não significa que quem é casado não possa servir ao Senhor. Mas existem situações específicas de serviço ao Senhor em que o celibato é preferível. Por exemplo, o desejo de servir como missionário numa área de perseguição religiosa pode trazer obstáculos (i.e., preocupações) adicionais na condição de casado. É claro que o celibato para o serviço do Senhor inclui um conjunto maior de possibilidades que missões em áreas de perseguição religiosa. O que estamos destacando é a razão fundamental que leva alguém a decidir pelo celibato: "as coisas do Senhor".

Infelizmente, temos visto o número de solteiros crescer em nosso meio como resultado da combinação de um estilo de vida egoísta com uma visão errada de casamento. Alguns temem a pressão financeira de um matrimônio; outros têm medo do compromisso a dois. Alguns têm uma visão errada de casamento construída com base em exemplos ruins ao redor. Outros estão presos num ciclo de preguiça que os impede de caminhar em direção a um compromisso. Ou ainda uma combinação desses fatores com outros. Seja como for, preocupações centradas em si mesmo podem levar uma pessoa a deixar o casamento como opção desejável para assumir um celibato pecaminoso.

É triste ver jovens que viveram sem aproveitar o tempo com sabedoria transformando-se em adultos de meia-idade solteirões que hoje amargam a falta de uma companhia. Cuidado para não optar pelo celibato com medo dos desafios de uma união. No entanto, se essa não for sua motivação para o celibato, opte por um estilo de vida puro que glorifique a Deus e sirva às pessoas a seu redor.

61. COMO LIDAR COM OS MAUS PENSAMENTOS?

No que diz respeito à santificação, a Bíblia diz que devemos levar todo pensamento cativo à obediência de Cristo e que nossa mente deve ser ocupada com aquilo que é agradável a Deus (Fp 4.6-8).

Um colega cristão teve síndrome do pânico na luta contra pensamentos imorais que invadiam sua mente. Para mim, tem sido difícil lutar contra todos os meus pensamentos. No que diz respeito à repreensão de pensamentos em voz alta, isso é bíblico? Como lutar de forma SADIA contra os milhares de pensamentos que nos invadem, principalmente os que são lançados por Satanás? Como proceder quando surge um pensamento que desagrada a Deus?

Primeiro, concordamos que passam em nossa cabeça milhares de pensamentos por dia. E os nossos pensamentos revelam o que realmente somos, pois refletem o que a Bíblia chama de "coração":

> *Pois é de dentro do coração dos homens que procedem maus pensamentos, imoralidade sexual, furtos, homicídios, adultérios, cobiça, maldade, engano, libertinagem, inveja, blasfêmia, arrogância e insensatez. Todas essas coisas más procedem de dentro do homem e o tornam impuro* (Mc 7.21-23).
>
> *Como o rosto reflete na água, assim o coração do homem mostra quem ele é* (Pv 27.19).

Por isso, temos que *guardar o coração* (Pv 4.23) e *renovar a mente* (Rm 12.1,2). Isso porque nossa luta não é superficial ou externa, mas uma luta no fundo do nosso ser.

Acontece que, enquanto estivermos neste mundo, experimentaremos vitórias e derrotas no campo de batalha da mente. Ironicamente, quanto mais tempo temos em Cristo, como verdadeiros filhos de Deus, mais sujeira vamos detectar em nosso coração (pensamentos). Deus é gracioso e não revela *tudo* de uma só vez. Mas, enquanto crescemos na graça, percebemos mais e mais em nós mesmos o que não agrada a Deus. O alvo da vida cristã é justamente trazer todos esses pensamentos cativos a Cristo, ou seja, para que sejamos esculpidos conforme a imagem de Jesus (Rm 8.29; Fp 1.6; 2Co 3.18). Um dia essa obra será completa, quando nos encontrarmos com Cristo (1Jo 3.1,2; Fp 1.6), mas até lá haverá muita luta!

Como enfrentar, então, a batalha com os pensamentos?

1. Reconhecer que esses pensamentos refletem nosso coração, que é e continuará *muito* carente e enganoso (Jr 17.9).

2. Identificar que precisamos de Cristo Jesus para transformar nossos pensamentos momento após momento. Temos que correr até a cruz, onde Cristo já pagou o preço de *todos* os nossos pecados. Sua graça nos motiva a agradá-lo, inclusive com nossos pensamentos (Hb 4.16).

3. *Renovar a mente* como parte do processo de entregar nosso corpo (que inclui a mente) a Deus (Rm 12.1,2). Esse processo é contínuo, uma batalha travada por dentro, em que substituímos o que é mal pelo que é bom. Passos práticos

de renovação da mente podem incluir: recitar textos bíblicos, orar, cantar, meditar, substituir os maus pensamentos por outros pensamentos sadios. Observem que viver evitando o mau pensamento não nos levará a nenhum lugar. Os maus pensamentos irão deixá-lo apenas quando der lugar aos pensamentos voltados para Cristo.

Pode a repreensão verbal fazer parte desse processo? Talvez. Dizer (a si mesmo ou em voz alta) "Não sou escravo do pecado; sou livre em Cristo" pode ajudar, desde que não seja considerada uma fórmula mágica para espantar fantasmas ou supostos demônios. As repetições vazias de palavras isoladas não garantem transformação nenhuma (Mt 6.7).

4. Dar passos concretos para fugir do mal. Romanos 13.14 ensina que não devemos alimentar a carne, ou seja, tomar providências para gratificá-la. Devemos lutar de forma prática para evitar tentações. Por exemplo, temos que fugir da imoralidade, evitando imagens, filmes, músicas, *sites* etc. que provocam em nós pensamentos impuros. Esse passo é muito mais prático do que repreender em voz alta maus pensamentos. Quem brinca com fogo será queimado.

5. Mesmo quando falhamos, correr de volta para Cristo, confessar nosso pecado e clamar a ele por vitória (cf. 1Jo 1.9).

6. Continuar crescendo na graça e no conhecimento de Cristo e em sua verdade (cf. 2Pe 3.18). Por isso, temos que reprogramar nossa mente com a Palavra dele, digerindo sempre o texto bíblico com o objetivo de mudar nosso modo de pensar (cf. Rm 12.1,2; Cl 3.1-4).

Cuidado com essa ideia de que Satanás é a fonte dos maus pensamentos. Nossa luta, sim, é contra o diabo, o mundo e a carne. Mas a Bíblia não ensina que Satanás tem acesso a nossos pensamentos. Ele não é onisciente, como Deus. Esse é um grande engano na mente de alguns hoje. Atribuímos poderes a Satanás que quase o põem no nível de Deus. Ele certamente entende a natureza humana e pode nos tentar usando métodos que sabe que funcionam, mas dizer que ele é o responsável por nossos pensamentos vai além das Escrituras e acaba tirando dos nossos ombros a responsabilidade pessoal pelo pecado. De fato, o problema principal sou *eu*! Mas graças a Deus por sua graça que ainda nos aceita e perdoa. Essa é uma luta que todos nós vamos travar até a glória.

62. MASTURBAÇÃO É PECADO?

Masturbação é pecado? Já ouvi tantas opiniões diferentes a respeito; a maioria afirma que é algo normal e uma maneira criada por Deus para aliviar tensões sexuais. Mas sei que me sinto muito culpado sempre que caio. A Bíblia fala sobre isso?

Cremos, sim, que a masturbação é pecado. A seguir, algumas das razões:

1. A masturbação normalmente exige pensamentos impuros que envolvem uma pessoa que não seja seu cônjuge. Jesus disse que o fato de olhar para uma mulher com desejo impuro equivale a cometer adultério na esfera do coração (cf. Mt 5.26). Não há nenhuma exceção citada (como, por exemplo, no caso de casais comprometidos). Jesus é categórico quanto a isso.

2. A cobiça, ou seja, desejar o que não pertence a você, é pecado (cf. Êx 20.17).

3. O ato sexual foi criado por Deus para ser desfrutado somente com o cônjuge num relacionamento exclusivo e outrocêntrico (cf. Hb 13.4; 1Co 7.1-5). O auge do prazer físico, o clímax sexual, foi feito para acompanhar o momento em que dois se tornam um, selando seu

compromisso pactual. Ou seja, quando num relacionamento de exclusividade, aliança e compromisso (Gn 2.24) Deus une duas pessoas, elas recebem o direito de se tornarem "um" fisicamente, com o prazer que normalmente lhe está associado.

O momento misterioso em que o casal representa aspectos da intimidade do próprio Deus (dois em um refletindo três em um) recebe a bênção de Deus (cf. Gn 1.28). A autogratificação, especialmente acompanhada por pornografia e pensamentos impuros, constitui uma aberração do plano divino, uma falsificação individual, egoísta, imediatista, indisciplinada e pecaminosa.

4. Em termos práticos, algumas considerações:

a) O hábito da masturbação leva-nos para um mundo de fantasias sexuais não facilmente interrompidas. Como comenta determinado autor: "Masturbação é como tentar apagar o fogo com gasolina".[27]

b) A masturbação ensina um hábito de satisfação sexual imediatista e egoísta, que é contrária ao propósito do sexo dentro do casamento. A sexualidade bíblica reflete o outrocentrismo que é a vida de Cristo em nós (1Co 7.1-5). Em outras palavras, a pessoa que pratica a masturbação não desenvolve disciplina mental e moral; apenas aprende a fazer o que quer e quando quer. As sequelas disso no casamento podem ser sérias.

c) A masturbação não é a única maneira de aliviar a tensão sexual. Emissões noturnas, no caso dos homens, também têm essa função, sem a prática da pornografia ou pensamentos indevidos.

Diante de tanto desvio sexual evidente no planeta e padrões egoístas, imediatistas e pervertidos, basta perguntar se Deus não teria outro plano para a nossa vida. A resposta é "sim". A vida de

---

[27] GONÇALVES, Josué. *101 erros que os namorados não podem cometer*. São Paulo: Mensagem Para Todos, 2002, p. 61.

autocontrole mental e físico, em que a vida de Jesus se manifesta pela santidade, pela disciplina e pelo "outrocentrismo", parece ser a fórmula bíblica para endireitar o que está distorcido (Ef 5.2,3).

63. O QUE DIZER SOBRE A PORNOGRAFIA?

Descobri por acaso que meu namorado acessa *sites* pornográficos. Fiquei indignada e acho uma prática nojenta. Ameacei terminar o namoro, mas ele pediu perdão e prometeu nunca mais repetir a experiência. Devo desmanchar o namoro ou dar-lhe uma segunda chance?

Infelizmente, a pornografia chegou a níveis epidêmicos no mundo e na igreja. Alguns conselheiros bíblicos afirmam que a pornografia é o problema principal enfrentado em nossos dias pelo corpo de Cristo. Hoje ameaça tanto homens quanto mulheres. A facilidade de acesso à pornografia, o baixo custo e a relativa anonimidade fazem que qualquer um possa acessar *sites* de sexo explícito a qualquer hora e em qualquer lugar. E são muitos os que se enroscam nessa rede maligna.

Os efeitos no lar são catastróficos. Por isso, você tem razão em levar muito a sério essa questão com seu namorado. Ele precisa procurar um bom conselheiro bíblico para tratar das raízes da idolatria sexual no coração. Um bom livro que recomendamos nesse sentido é o de John Street, *Purificando o coração da idolatria sexual*; e o conciso, mas profundo, livro de Joshua Harris, *Sexo não é problema (lascívia, sim)*.[28]

Ele também se beneficiaria de um bom relacionamento de prestação de contas. Existem vários *sites* na internet que oferecem gratuitamente relatórios enviados semanalmente para um ou mais parceiros de prestação de contas destacando tudo que foi acessado com destaque a *sites* questionáveis e/ou pornográficos. Dois *sites* que temos usado com sucesso são: <www.x3watch.com>; <www.covenanteyes.com> — ambos disponíveis em inglês.

Qual é seu papel em tudo isso? Verificar que seu namorado realmente leve o assunto a sério e trate o problema. Perdoe-o de coração, mas encoraje-o a seguir passos bíblicos para vencer a tentação (veja Rm 6.11-14; Ef 4.20-24; Rm 12.1,2). Ore por ele, pela pureza de corpo e mente. Se ele recusar a procurar ajuda, e se persistir no mau hábito, você precisará reavaliar seu compromisso de namoro.

---

[28] Publicados respectivamente por: São Paulo: Nutra, 2009; São Paulo: Cultura Cristã, 2008.

64. COMO LIDAR COM A ATRAÇÃO POR PESSOAS DO MESMO SEXO?

Eu sofro muita pressão para me casar. Meus pais me cobram bastante para que eu arrume alguém. Eu até cheguei a me empolgar, mas desanimei porque sinto atração por pessoas do mesmo sexo. O que devo fazer?

Antes de tudo, queremos agradecer sua confiança por falar conosco de um tema tão íntimo. Sabemos que esse é um assunto delicado e, por vezes, tratado com indiferença e até mesmo hostilidade por parte de alguns. No entanto, sabemos que a graça de Deus tem respostas em sua Palavra para sua situação e queremos encorajá-lo com algumas delas.

Ao contrário do que nossa cultura está dizendo, você não é determinado pelos desejos que tem. Sua identidade não é resultado das atrações que você sente. Se você está em Jesus Cristo, a Palavra de Deus nos ensina que você foi liberto da escravidão de desejos distorcidos, o que inclui a atração sexual por pessoas do mesmo sexo (1Co 6.9-11; Ef 2.1-7). Por isso, você é resultado do que Cristo fez em seu favor. Sua esperança não se limita ao que você consegue fazer, mas no amor de Deus e seu poder em transformar pessoas (observe que o poder que está à sua disposição é o poder da ressurreição — Ef 1.19,20).

O que você sempre quis saber — E mais...

Sua nova identidade em Jesus Cristo determina o que fará ao longo da vida. O andar de um cristão é de pureza sexual, e não de imoralidade (distorção) sexual. Então, você precisa crescer em santificação sexual como qualquer outro jovem (1Ts 4.1-8). Você não deve entreter a ideia de dar vazão a seus desejos sexuais pecaminosos. A Bíblia é clara sobre a prática homossexual: é pecado (Rm 1.18s).

Diante disso, resista ao desejo pecaminoso (Cl 3.5) e elimine tudo o que possa alimentar esse desejo (Rm 13.14). Se o mau uso da internet está tentando você, restrinja seu uso e preste contas a alguém. Se algumas amizades provocam esses desejos em seu coração, certifique-se de que seus amigos mais chegados estão comprometidos em ser parecidos com Cristo. Outra forma prática de sufocar o desejo pecaminoso e impuro é andar em amor (Ef 5.2,3). Em vez de pensar em *seus* desejos e agonizar diante da impossibilidade de satisfazê-los, busque servir a pessoas enquanto aprende a amar a Deus. Uma vida de serviço a Deus e ao próximo é uma vida de amor, que irá blindar seu coração contra o egoísmo (uma das raízes da imoralidade sexual).

Lembre-se de que nessa jornada de santificação, você não tem apenas um tipo de desejo pecaminoso. Na guerra contra o pecado, esteja atento a todas as manifestações do pecado em sua vida (ira, ansiedade, preguiça etc.). Pessoas bem-sucedidas na luta contra o pecado são aquelas que travaram uma batalha contra o pecado em todas as suas aparições. Por isso, se o Senhor está lhe mostrando outras coisas, não fique obstinado em vencer o desejo por pessoas do mesmo sexo. Trave batalha contra todo pecado por amor a seu Salvador (2Co 5.15). Isso o porá no campo de batalha contra as mentiras do pecado com o bom uso da verdade.

Não tenha pressa de arrumar logo uma namorada, na esperança de que isso tratará de vez seu problema. A esperança contra a imoralidade homossexual não é a imoralidade heterossexual, mas a santificação em Jesus numa vida marcada por amor a ele e ao próximo (Mt 22.37-40). O Senhor trabalhará em seu coração como em qualquer outro coração. A luta contra os desejos sexuais pecaminosos é comum em todo homem (1Co 10.13), e a provisão da graça em ocasião oportuna está disponível a todos também (Hb 4.14-16).

Esperamos que você encontre pessoas maduras em Cristo que o ajudem na caminhada com o Senhor. As verdades aqui descritas são apenas o pontapé inicial de uma jornada de transformação em Cristo Jesus. Essa jornada não significa ausência de lutas, mas a liberdade de viver em obediência.

65. ATÉ QUE PONTO É VÁLIDO MANTER AMIZADE COM O SEXO OPOSTO?

Eu posso ter um grande amigo que não seja meu namorado?

A resposta a essa pergunta está no âmbito do que compreendemos sobre a amizade dentro do namoro. Entendemos o namoro como um relacionamento de amizade crescente que criará as bases para um casamento maduro. Dessa forma, preocupa-nos quando os jovens encontram em outra pessoa do sexo oposto uma amizade mais próxima que o (a) próprio (a) namorado (a).

O primeiro alerta é se esse namoro está crescendo na direção correta. Um dos sinais principais de que o namoro está crescendo na direção certa é a amizade cada vez mais profunda. O último nível de amizade, o "melhor amigo":

> ... se refere ao relacionamento entre marido e mulher (cf. Pv 2.17): uma intimidade profunda em todos os aspectos de personalidade, um compartilhar total de duas pessoas em todos os níveis pessoais, um reflexo de que o relacionamento está caminhando rumo ao alvo — ser como Cristo.[29]

---

[29] MERKH, David e MENDES, Alexandre. *O namoro e o noivado que Deus sempre quis*. São Paulo: Hagnos, 2014, p. 229.

Desse modo, a "grande" amizade com alguém do sexo oposto que não seja em um relacionamento de namoro deve ser revista.

Também alertamos para que você reveja o que entende como fundamental num relacionamento de namoro. Se está namorando com alguém que não demonstra ser seu melhor amigo, o que a prende nesse namoro? É bem provável que não esteja fundamentado no tipo de amizade que levará ao casamento, mas crescendo em aspectos que não sejam vitais para um casamento feliz no futuro.

Isso tudo não significa que não possa ter amizades do sexo oposto. Mas, certamente, implica que essas amizades não devem estar no mesmo nível daquela que está crescendo para ser sua companhia para o resto da vida.

66. CHEGOU A HORA? E AGORA?

Quando é que eu sei que estarei pronto para namorar, noivar e casar?

Alguém uma vez disse que Deus nos reserva a segunda decisão mais importante da vida quando somos inexperientes, ou seja, quando somos jovens. Essa segunda decisão mais importante é o casamento (sem contar a decisão por Cristo)! Bem, estar "pronto" para o casamento não significa ter a experiência necessária para assumir um relacionamento de casamento, mas, sim, estar em crescimento na habilidade de ouvir a instrução. É a instrução que dará ao jovem a experiência que ele não tem e que tanto precisa para construir o namoro, noivado e casamento que Deus sempre quis. Por isso, dizemos que a primeira marca de alguém que caminha rumo à maturidade para o casamento é um ouvido atento. Ouça a instrução (cf. Pv 3.1,2; 4.1,2; 8.1-11; 9.1-6).

Ouvir requer humildade (1Pe 5.5). Os jovens são conhecidos por serem sábios a seus próprios olhos. Ironicamente, esse é um sinal de que não sabem muita coisa. A postura de sabe-tudo é a marca mais evidente do orgulho que cega e impede de ouvir a instrução. Sem instrução não há sabedoria. Um jovem orgulhoso não ouve a instrução e está fechado para o crescimento. Um jovem humilde reconhece que não sabe o suficiente, por isso precisa ouvir a instrução (cf. Pv 2.1-4).

Como pastores, vemos jovens que querem casar, mas que ainda não estão abertos a ouvir o que é necessário, nem dispostos a abrir mão do "muito" que sabem para ouvir a instrução dos mais velhos. Por isso, antes de tudo, devem se humilhar e escutar; devem reconhecer que não sabem o que precisam e que é hora de ouvir a sabedoria dos que já percorreram essa estrada antes que eles.

Uma vez que os jovens estejam prontos para receber a instrução e ouvir, devem crescer nas seguintes evidências:

- **Maturidade física para considerar o casamento.** Isso não se limita à capacidade física de gerar filhos, mas também de manter um ritmo de trabalho fora de casa ou doméstico. Crianças não aguentam as exigências físicas de um casamento.

- **Maturidade financeira para sustentar o casamento.** É verdade que alguns casais sonham com uma situação econômica além do necessário, muito mais movida pela cobiça que a real necessidade. Por outro lado, ter condições de assumir um novo lar financeiramente é um requisito importante para o casamento. Isso não se limita a ter saldo bancário, mas abrange também a capacidade de ter trabalho para a provisão do novo lar.

- **Maturidade espiritual para crescer no relacionamento de casados.** Isso envolve a capacidade de liderar espiritualmente a esposa (no caso dos rapazes) e de seguir em alegre submissão a liderança espiritual (no caso das moças). Envolve a habilidade de lidar com conflitos e resolvê-los para o crescimento do casal e para a glória de Deus!

PARTE 2

O que Deus ainda quer que você saiba

1. RETOMANDO O ASSUNTO: PRÉ-REQUISITOS PARA O NAMORO

Conforme dissemos em *O namoro e o noivado que Deus sempre quis*, o namoro cristão é entendido como uma fase na qual dois crentes trabalham juntos a ideia de se unirem em casamento.[30] Portanto, os pré-requisitos ou competências para o namoro giram em torno da avaliação da *real* possibilidade de os envolvidos crescerem em maturidade para o casamento.

Por isso, avaliar se alguém está pronto para namorar é uma questão de sabedoria e de como os princípios da Palavra de Deus se aplicam em cada caso. Por exemplo, o próprio objetivo de casamento estabelece diretrizes para a decisão de namorar tendo em vista a idade dos envolvidos. Existem raríssimas exceções, mas jovens adolescentes dificilmente estarão prontos emocional, espiritual e pessoalmente para iniciar um namoro com claros objetivos de casamento e todas as implicações resultantes. Daí a importância do acompanhamento dos pais para criar filhos como futuros maridos e pais, e filhas como futuras esposas e mães. Esse acompanhamento é importante para que o processo não se perca diante da hostilidade de nossa cultura contra os princípios

---

[30] MERKH, David e MENDES, Alexandre. *O namoro e o noivado que Deus sempre quis*. São Paulo: Hagnos, 2014, p. 18.

bíblicos e para que os jovens não deixem de crescer em maturidade para o casamento.

PRESSÃO CULTURAL

A abordagem que propomos não é facilmente aceita numa cultura que supervaloriza sentimentos românticos superficiais. Existe uma forte pressão cultural para satisfazer o sentimento de falsa segurança e significado que um relacionamento emocional promete trazer. No entanto, as Escrituras dizem que não é sábio despertar um desejo por intimidade sem o compromisso que irá sustentá-lo ao longo do casamento (cf. Ct 2.7; 3.5).

Além da pressão emocional, o coração dos jovens é atacado cada vez mais cedo pela pressão sexual de um mundo sem Deus. Namoros precoces surgem como forma de remediar mentiras sobre a sexualidade humana. E na contramão a Bíblia enfatiza que o contexto correto para o sexo é o casamento (veja Gn 2.24; Pv 5.18,19; 1Co 7.9; 1Ts 4.3 e o capítulo 13 do livro *O namoro e o noivado que Deus sempre quis*). Como resultado dessas pressões, os jovens solteiros são envolvidos em relacionamentos precoces que lhes roubam um valioso tempo de serviço a Deus e o conhecimento puro e genuíno de irmãos e irmãs dentro da comunidade em que estão inseridos. Namoros traumáticos, sonhos arruinados e, infelizmente, o mau testemunho para o evangelho são consequências quando os envolvidos desprezam a sabedoria da "espera ativa".

Esperar por um relacionamento não significa ficar parado aguardando a pessoa "especial" bater na porta de sua casa. A espera ativa leva o solteiro a servir a Deus exercitando seus dons enquanto constrói o caráter para o casamento e interage com pessoas candidatas ao casamento. Esse tipo de espera glorifica o nome de Deus e cria um ambiente saudável que facilita a criação de relacionamentos saudáveis (cf. Pv 31.10-31; 1Tm 2.9,10; 5.22; 2Tm 2.22; 1Pe 3.3-6; Ap 19.7,8).

ATRASO EMOCIONAL

O envolvimento emocional precoce leva o jovem a exaltar emoções em detrimento do compromisso que conduz os cristãos ao casamento.[31] O resultado é um atraso emocional que aprisiona jovens adultos em sonhos de adolescentes. São jovens adultos que já poderiam estar levando filhos (sem fraldas) para a escola, mas que ainda esperam a concretização de sonhos românticos infantis.

Em outras palavras, além da maturidade emocional e espiritual, também deve ser considerada a maturidade pessoal como um todo. O casamento exigirá responsabilidades por parte dos cônjuges que precisam ser aprendidas para evitar conflitos e problemas futuros. O casamento apresenta demandas financeiras e responsabilidades incomuns a uma vida de solteiro. Detalhes normalmente são causas de grandes conflitos futuros porque determinados assuntos não foram previamente vistos e tratados biblicamente.

EU OU NÓS?

Cada casal de namorados fará bem se lembrar que a construção de um relacionamento em direção ao casamento exige a demolição do "eu" para então edificar o "nós":

> Casamento é como desmontar duas paredes de tijolos, enquanto preserva os tijolos de tal forma que poderão ser reutilizados na construção de outra parede nova e mais forte. Desmontamos um tijolo por vez e reconstruímos um tijolo de cada vez.[32]

---

[31] Veja, por exemplo, Joshua HARRIS, *Eu disse adeus ao namoro: uma nova atitude em relação ao romance* (São Paulo: Atos, 2014). Apesar de diversas críticas quanto à terminologia usada em seu trabalho, Joshua Harris apresenta uma boa argumentação a favor do cuidado que os cristãos devem ter no envolvimento emocional.

[32] ZACHARIAS, Ravi. *I, Isaac, take thee, Rebekah: moving from romance to lasting love*. Nashville: W. Publishing Group, 2004, p. 44-45. [Tradução nossa.]

A avaliação dos pré-requisitos para o namoro pode ser longa e exaustiva, mas o objetivo aqui é apenas enfatizar que esse tipo de consideração é importante dentro da aplicação da sabedoria bíblica. Os candidatos a namoro devem levá-lo a sério e aplicá-lo honestamente à situação em que se encontram. Então, sim, estarão aptos para decidir quando estarão prontos a buscar com a devida maturidade um relacionamento de namoro com vistas ao casamento.

PARA DISCUSSÃO

- Até que ponto você considera válido o namoro entre adolescentes?
- Como o jovem cristão que tem um compromisso sério com Deus pode resistir à pressão cultural que mina princípios bíblicos sobre o relacionamento entre pessoas do sexo oposto?
- O que você entende pela expressão "espera ativa"? Avalie a declaração: "Esperar por um relacionamento não significa ficar parado aguardando a pessoa 'especial' bater na porta de sua casa".
- Como o padrão de envolvimento emocional precoce entre duas pessoas pode levar a um atraso emocional "que aprisiona jovens adultos em sonhos de adolescentes"?
- Em que sentido o casamento é como "desmontar duas paredes de tijolos [...] que poderão ser reutilizados na construção de outra parede nova e mais forte"?

2. O JARDIM FECHADO: PUREZA SEXUAL E DEFRAUDAÇÃO NO NAMORO

Conta-se a *História de Pedro Coelho*[33], *no jardim do senhor McGregor.*
Era uma vez quatro coelhinhos que moravam debaixo de uma grande árvore com sua mãe, dona Josefina Coelho. Um dia, ela os enviou para colher amoras, advertindo-os para nunca, mas nunca, brincar no jardim do senhor McGregor. Fora ali que o pai deles havia sofrido um acidente horrível e a ponto de ser colocado numa torta da dona McGregor. Três dos coelhinhos obedeceram à orientação da mãe e foram para o quintal apanhar amoras. Mas Peter cavou um buraco debaixo da cerca do senhor McGregor e entrou em seu jardim. Comeu tantas verduras do jardim do senhor McGregor, que começou a passar mal.

Foi então que ele se encontrou com — você já adivinhou — o senhor McGregor. Este correu atrás do Peter, que fugiu com tanta pressa que perdeu seus sapatos novos. Mas escapou; acontece que ficou preso numa rede que o jardineiro havia colocado perto da cerca. Na hora

---

[33] Há várias edições em língua portuguesa deste clássico da literatura infantil.

em que o senhor McGregor aproximou-se dele, Peter conseguiu escapar outra vez, agora perdendo a roupa na rede e se perdendo outra vez no jardim. Finalmente, com o senhor McGregor logo atrás, conseguiu sair pelo buraco debaixo da cerca e correu até sua casa.

Quando Peter chegou em casa, a mãe queria saber o que havia acontecido com a roupa dele. Ela o mandou diretamente para a cama, porque Peter estava se sentindo muito mal. Mas os outros coelhinhos comeram pão, leite e amoras para o jantar [34]

O coelho Peter nos fornece uma alegoria daquilo que acontece com as pessoas que passam pelas cercas de proteção contra a imoralidade e comem o fruto proibido no jardim dos outros. O risco é enorme; os benefícios são transitórios, mas mesmo assim dentro de cada um de nós existe o espírito aventureiro (e inconsequente) de Peter. É aquela parte de nós que luta com os desejos impuros, que nos atrai para outros jardins. Chamamos essa atração de "tentação sexual" ou, como já vimos, "cobiça".

A sexualidade humana talvez seja a principal frente de ataque através da qual Satanás procura derrubar muitos jovens e desviá-los da vontade de Deus. Viver no mundo hoje implica correr o risco de cair em emboscadas preparadas diariamente pelo inimigo da nossa alma; implica enfrentar diariamente um bombardeio sensual contra a pureza. Significa decidir, pelo poder do Espírito, não entrar no jardim do vizinho.

Um dos livros de sabedoria da Bíblia, Provérbios, mostra como as decisões tomadas na área da sexualidade refletem o verdadeiro estado do coração. Como uma espécie de manual de treinamento de jovens, o texto mostra que a sabedoria significa adquirir um jeito de viver bem. A sabedoria é a habilidade de encarar toda a vida no temor do Senhor, ou seja, de caminhar pelo labirinto da vida orientado pela perspectiva do alto — a sabedoria divina.

---

[34] POTTER, Beatrix. *The tale of Peter Rabbit*. Publicado originalmente em inglês em 1902 por Frederick Warne & Co. [Tradução nossa.]

Uma das maiores provas que atestam se o jovem abraçou os conselhos da sabedoria e da maturidade bíblicas é sua decisão de abrir mão de prazeres momentâneos em troca de benefícios no longo prazo. Não menos de seis vezes o autor de Provérbios sugere que a maior marca da sabedoria divina na vida do jovem são suas decisões diante da forte pressão na área sexual. A maior marca de grife do jovem sábio é sua decisão em adiar prazeres sexuais momentâneos por uma vida de satisfação encontrada em Deus e em seu futuro cônjuge.

Os textos em que o pai exorta o filho sobre sensualidade incluem Provérbios 2.16-20; 6.23-35; 7.6-27; 23.26-28. Mas o capítulo 5 do livro resume a mensagem bíblica sobre a proteção contra a sensualidade.

Cabe lembrar que nós mesmos somos incapazes de resistir aos desejos tão fortes da carne. Jesus deixou claro: *Sem mim, nada podeis fazer* (Jo 15.5) Mas ele, em quem estão ocultos todos os tesouros da sabedoria divina (cf. Cl 2.3), nos capacita a fazer o que parece impossível aos olhos humanos. O processo bíblico de mudança pelo qual renovo minha mente com as verdades do evangelho — o fato de que morri com Cristo para os desejos da carne e ressuscitei com ele para novidade de vida — precisa ser recitado e trabalhado antes, durante e depois da tentação (cf. Rm 6.11-14; Ef 4.20-24; Rm 12.1,2). A alta posição do cristão em Cristo serve de motivação para que a vida de Cristo seja vivida nele pelo poder do Espírito e da Palavra (cf. Ef 4.1).

Eis um bom resumo deste capítulo, *parafraseando* o missionário mártir Jim Elliot: É tolo aquele que dá o que deve guardar para ganhar o que certamente vai perder.

Em Provérbios 5, encontramos pelo menos quatro paredes de proteção contra a sensualidade que precisam ser construídas caso queiramos evitar o laço da sensualidade:

1. PRECISAMOS SEGUIR O CONSELHO DOS SÁBIOS

Talvez você ache estranho enfatizar este aspecto da proteção. Ele é a primeira ênfase do livro de Provérbios e atua como medicina preventiva. Alguns pais, porém, não vacinam os filhos contra os perigos da imoralidade; pelo contrário, contagiam-nos com a doença da impureza. Muitos, no entanto, estão preocupados com a sobrevivência sexual de seus filhos nestes dias tão difíceis.

Observemos os resultados de uma pequena pesquisa que realizamos com cem jovens que tinham forte compromisso assumido com Deus. Uma das perguntas foi se os pais lhes haviam ensinado sobre sexualidade no lar. Infelizmente, 65% dos alunos responderam que nunca receberam uma orientação sexual dos pais. A maioria (mais de 50%) indicou que seus colegas serviram de fonte principal de conhecimento, ao passo que 30% deles afirmaram que seu conhecimento fora adquirido por experiência pessoal.

Certamente os pais têm muito a ver com isso. Mas os jovens podem melhorar a situação abrindo o jogo com seus pais numa área tão importante.

No estudo de Provérbios, uma das coisas que realmente chama atenção é o número de vezes que o "pai" chama o filho para que lhe dê ouvidos. Mais de vinte vezes no livro encontramos a pequena frase "Filho meu!" É o grito de pais sábios chamando o filho a que preste atenção porque algo de extrema importância será transmitido. Não menos de seis dessas vezes o pai transmite uma lição sobre pureza sexual ao filho! Qual é a implicação disso? Os pais têm a responsabilidade de advertir, informar, exortar e proteger os filhos nessa área. Os filhos têm a responsabilidade de dar ouvidos aos sábios.

Provérbios 5 segue esse padrão. O pai leva a sério sua responsabilidade de orientar o filho sobre questões sexuais, especialmente sobre o perigo da mulher sensual. Nos versículos 1, 7 e 20 encontramos esse clamor. O jovem precisa respeitar a sabedoria de seu pai ao tratar de questões sexuais.

Você se lembra de Peter? Sua mãe o advertiu sobre o jardim do senhor McGregor, mas ele escolheu ignorar seu conselho. Observe que Peter, na verdade, estava seguindo os passos de seu pai, que morrera naquele mesmo jardim!

2. PRECISAMOS FUGIR DA TENTAÇÃO SEXUAL (PV 5.8)

Para muitos, Provérbios 5.8 parece muito ultrapassado: *Fica longe dela e não te aproximes da porta da sua casa.* Mas nós nos enganamos quando imaginamos que podemos chegar tão perto quanto possível ao pecado sexual, sem ser prejudicado. Essa atitude nossa demonstra profunda ingenuidade quanto à tentação sexual — que nos vai atraindo pouco a pouco a ponto de nos enredar de tal forma que torna impossível escapar!

Provérbios 5.8 usa o paralelismo para enfatizar a necessidade de manter distância entre nós e a tentação sexual — de fugir, como José fez diante da esposa de Potifar. "Fica longe" e "não te aproximes da porta" mostram a urgência de construirmos paredes de proteção ao redor de nossa vida sexual.

No capítulo seguinte encontramos a pergunta: *Pode alguém colocar fogo no peito sem queimar a roupa? Pode andar sobre brasas sem queimar os pés?* (6.27,28).

Provérbios 7.25 acrescenta: *Que o teu coração não se desvie para os caminhos dela e que tu não andes perdido nas suas veredas.* Não podemos brincar com a força de nossos impulsos sexuais, aproximando-nos da fonte de tentação!

Algum tempo atrás, certo pastor amigo contou-me que estava no processo de aconselhamento do oitavo caso de adultério em sua igreja de cinquenta membros! Recentemente havia descoberto que dois homens da igreja por pouco não haviam batido no carro um do outro, quando um entrava e o outro saía do estacionamento de um motel em São Paulo. Vivemos dias de epidemia de desvios sexuais.

Ninguém cede ao pecado sexual de uma hora para outra. Há um processo de dessensibilização — um olhar prolongado, um programa assistido aqui, um *site* acessado ali. Nós, seres humanos, somos os únicos que brincamos com o perigo, só para ver até que ponto podemos chegar! O animal foge assim que sente o cheiro do caçador. Mas o homem não. Assim que ele sente o perfume da caçadora, vai atrás. A ingenuidade diz: "Eu sou mais forte"; "Eu consigo escapar"; "Eu sei quais são meus limites".

Como podemos pôr esse conselho em prática?

1. Não permitir ser dessensibilizado ao pecado sexual por assistir dia após dia fornicação, adultério, traição e outras formas de imoralidade em filmes e na internet.

2. Desviar os olhos daquilo que excita os desejos sexuais. Jó 31.1 diz: *Fiz um acordo com os meus olhos de não cobiçar moça alguma*. Precisamos pôr em prática essa mesma aliança e fazer o voto de não cobiçar através de um segundo olhar.

3. Fugir de situações que comprometam a integridade moral.

4. Não jogar indiretas, charme ou ser provocante no comportamento e nos trajes. Se as moças pudessem entrar na cabeça dos homens, mesmo que somente por alguns segundos, entenderiam o que estou falando, e boa parte da tentação sexual seria evitada!

Você ainda se lembra de Peter? Havia uma cerca em volta daquele jardim, mas ele se achava esperto demais para ser pego. Passou pela segunda "parede de proteção" e pagou as consequências.

3. PRECISAMOS ACHAR SATISFAÇÃO SEXUAL NO CASAMENTO (PV 5.15-20)

Provérbios 5.15-20 usam uma série de metáforas para descrever a satisfação sexual no casamento. Seus comentários aplicamse igualmente a homens e mulheres, embora estejam direcionados aqui aos homens. Segundo o contexto, a resposta à tentação sexual sofrida no mercado é o prazer pleno no lar. Não há nada melhor que um banquete em casa para fazer o homem ou a mulher absterse de comer comida estragada na rua.

O texto combate o mito de que o relacionamento sexual com um único parceiro durante uma vida inteira é quadrado, cansativo e comum. Muito pelo contrário! No plano de Deus, o relacionamento íntimo entre um homem e uma mulher deve crescer em significado e profundidade no decorrer dos anos! Isso pelo fato de que o amor incondicional faz que cada um se entregue ao outro, mesmo sabendo de todas as falhas e todos os fracassos que o outro possa ter. O mundo não entende esse nível de amor capaz de produzir satisfação sexual ao longo do casamento.

O texto sugere ("a esposa que tens desde a mocidade") que não faz sentido namorar até que se tenha condições de pensar em casamento; além disso, não se deve demorar demais esperando casar-se. Em 1Coríntios 7.5,8,9 se aconselha o casamento nestes termos:

> *Não vos negueis um ao outro, a não ser de comum acordo por algum tempo, a fim de vos consagrardes à oração. Depois, uni-vos de novo, para que Satanás não vos tente por causa da vossa falta de controle. [...] Digo, porém, aos solteiros e às viúvas que lhes seria bom se permanecessem na mesma condição em que estou. Mas, se não conseguirem dominar-se, que se casem. Porque é melhor casar do que arder de paixão.*

A verdadeira sabedoria é mais ou menos como colocar uma cabeça velha sobre ombros jovens — ou seja, adquirir uma maturidade precoce que leva o jovem a tomar decisões à luz das implicações no longo prazo. O jovem sábio diz "não" a seus impulsos sexuais hoje, vislumbrando uma vida de prazer amanhã, vivida para a glória de Deus.

Você se lembra de Peter? Comeu alface no jardim dos outros, quando em casa havia fartura de pão, leite e amora. Mas não se satisfez com o que teria mais tarde. Queria o que queria quando queria. Quase custou-lhe a vida.

4. PRECISAMOS LEMBRAR DA ONIPRESENÇA DE DEUS (PV 5.21-23)

O pai em Provérbios usa mais um argumento contra a sensualidade e o pecado sexual. Explica o fato de que não há nada que escape à atenção de Deus. Existe uma última parede que pode resistir aos avanços do pecado sexual — a onipresença e a onisciência de Deus. Deus contempla e considera todos os caminhos do homem.

Como seria bom se lembrássemos desse princípio! Se na hora da tentação lembrássemos do fato de que, para onde eu for, Deus já está ali; onde eu estou, ele vê! Não posso fugir da presença de Deus! Não consigo me esconder! Ele sabe, mesmo quando os outros não.

No caso de Peter, a presença do senhor McGregor deveria tê-lo incentivado a manter distância do jardim proibido. No nosso caso, é a presença do Senhor Deus e de seu Espírito Santo, sempre conosco. Peter perdeu muito naquele jardim — não somente a roupa. Perdeu o privilégio de desfrutar do banquete em seu próprio lar para comer um bocado de verdura. Perdeu a saúde e, por pouco, não perdeu a própria vida.

CONCLUSÃO

Estamos numa guerra, sim. O nosso inimigo sabe usar a arma potente que possui — a bomba nuclear da sensualidade — para nos detonar. Mas a vitória é possível para o jovem que se esconde atrás dos muros de proteção da Palavra de Deus.

Podemos sugerir mais uma lição para o jovem nesta luta mortal: O sábio esconde-se da sedução atrás de muros de proteção.

Nunca se esqueça: "É tolo aquele que dá o que deve guardar para ganhar o que certamente vai perder".

O que Deus ainda quer que você saiba

PARA DISCUSSÃO

- Avalie a declaração: "A maior marca de grife do jovem sábio é sua decisão em adiar prazeres sexuais momentâneos por uma vida de satisfação encontrada em Deus e em seu futuro cônjuge".
- O que quer dizer a frase: "É tolo aquele que dá o que deve guardar para ganhar o que certamente vai perder"?
- Como o processo bíblico de mudança (leia Ef 4.20-24; Rm 6.11-14; 12.1,2) e renovação da mente sobre a identidade em Cristo pode ajudar o jovem a resistir à tentação sexual?
- Quais são os passos práticos para o jovem fugir da tentação sexual?
- Até que ponto a tentação sexual no contexto do namoro e do noivado deve influenciar a decisão de quando casar?

3. E O FICAR?

Todo mundo achou legal quando Lígia ficou com Roberto. Ele era perfeito — bonito, porte atlético, inteligente. Mesmo que ainda não fosse crente, Lígia já o convidara para a reunião de jovens. Todas as amigas ficaram com ciúme. Todas, menos uma.

Kátia, sua melhor amiga, não acreditava que Lígia havia voltado atrás em sua decisão de não entrar na onda de "ficar". "Lígia, o que aconteceu?" — interrogou. "Você disse que não queria nenhum envolvimento físico com um rapaz antes de assumir um compromisso sério."

"Cai fora, Kátia. Nestes dias não dá pra gente resistir. Todo mundo faz. Você está com ciúme porque eu consegui o Roberto. Hoje, o negócio é ficar."

Embora o "namoro das férias" sempre tenha existido, a onda do "ficar" hoje atinge muitos adolescentes e jovens e constitui um sério perigo que contradiz boa parte dos princípios bíblicos para o relacionamento entre duas pessoas.

"Ficar" significa manter um envolvimento com alguém do outro sexo, caracterizado por exploração física sem compromisso sério e efêmero entre duas pessoas. Em termos bíblicos, isso nada mais é do que falsidade, hipocrisia e exploração egoísta. Certamente não constitui amizade verdadeira, muito menos amor bíblico.

Quem "fica" normalmente entra num relacionamento que inclui (e em geral enfatiza) envolvimento físico sem nenhum compromisso duradouro. Essa atitude acaba minando a pureza moral da juventude, neutralizando seu testemunho e, potencialmente, corrompendo seus futuros lares.

Existem pelos menos duas razões bíblicas pelas quais o jovem cristão não deve seguir a moda de ficar:

1. AMIZADE BÍBLICA IMPLICA COMPROMISSO

O livro de Provérbios esclarece a natureza da verdadeira amizade: ela exige **constância** (Pv 17.17; 18.24), **lealdade** (17.10) e **compromisso** (17.17). Não é influenciada pelo "exterior", como bens materiais e aparências (19.4,6,7; 14.20,21). Sempre pensa no bem-estar alheio, e não em sua própria gratificação, e não mede esforços para promover melhoras no caráter do outro (27.17; cf. 27.5,6). A amizade verdadeira segue o padrão de amor de 1Coríntios 13.4-8. O compromisso de se dar é muito raro em nossos dias, mesmo entre amigos; *é* praticamente inexistente no tipo de relacionamento furtivo de "ficar".

2. BIBLICAMENTE, O ENVOLVIMENTO FÍSICO LEGÍTIMO ENTRE DUAS PESSOAS EXIGE UM COMPROMISSO SÉRIO ENTRE ELAS

A união física de duas pessoas reflete uma aliança (compromisso) assumida (Pv 2.17; Ml 2.14; Gn 2.24). Deus criou as expressões físicas do amor e da intimidade como "escada biológica". No plano de Deus, cada degrau da escada leva naturalmente para o próximo, até alcançar o topo, a consumação sexual. A Bíblia deixa bem claro que essa experiência se reserva a casais casados (Hb 13.4).

Mas deve-se perguntar se um casal tem o direito de subir qualquer degrau da escada quando não há compromisso, seriedade e intimidade interior nos níveis social, emocional, intelectual e espiritual. Primeira aos Tessalonicenses 4.3-8 adverte contra o uso do corpo para satisfazer desejos impuros de uma forma egoísta. A exploração do corpo de outra pessoa barateia tanto a pessoa quanto o propósito de Deus.

Além dessas razões, existem algumas consequências sérias do "ficar". Mais uma vez, descobrimos que Satanás tem enganado muitos que pensam que ficar "não faz mal".

1. **Você ganha uma "reputação" (cf. Pv 5.3,5; 7.5-13).** Todos os colegas sabem quem "fica" e quem não "fica", quem está "disponível" e quem não. Os próprios jovens ainda policiam as meninas que "ficam demais". E as garotas ainda temem ser mal compreendidas pelos rapazes. Isso porque sabem que os meninos comentam entre si.

2. **Você perde seu testemunho (Mt 5.13).** Muitos jovens ficam porque dizem que "todo mundo faz". Mas a Palavra de Deus nos adverte contra adotarmos os padrões deste mundo (Rm 12.2). Ter um testemunho implica ser **diferente**! O sal que perde seu sabor não vale para mais nada (Mt 5.13). Onde estão os jovens de garra e fibra como José e Daniel, que resistiram à tentação no poder do Espírito?

3. **Você se sente sujo, usado e culpado (Pv 5.10-13).** O jovem em Provérbios 5 reconhece a própria insensatez em não ter dado ouvidos a seus pais e conselheiros. Treme de remorso pelo fato de ter prestado atenção tarde demais.

4. **Você inicia um processo de dessensibilização e frustração.** O jovem que "fica" corre o risco de não poder interromper a subida em sua "escada biológica". Os beijos levam a abraços, e os abraços a carícias. Ficar parado é cada vez mais difícil, pois as "coisas velhas ficam pra trás".

   Mesmo quando o jovem não avança, pode gerar frustrações interiores que resultam em pensamentos impuros, no uso da pornografia e da masturbação. Mas Deus não nos chamou para essas coisas, e sim para *santidade e honra* (1Ts 4.4).

5. **Você danifica relacionamentos no corpo de Cristo (1Ts 4.3-8; Mt 5.23-26).** Uma das consequências de ter relacionamentos íntimos baratos é que no final das contas a maioria se desfaz. Muitas vezes, isso leva a ressentimentos, mágoas e até ódio (veja o caso de Amnom em 2Sm 13.7-22). Quando acontece dentro da igreja, pior ainda. Fica quase impossível voltar para a estaca zero da amizade inocente quando já trocaram intimidades. O padrão bíblico ajuda a restaurar esses relacionamentos por meio do perdão. Mas a medicina preventiva da Palavra é nunca ofender o irmão dessa maneira. Provérbios diz: *Um irmão ofendido é como uma cidade fortificada; as disputas são resistentes como as trancas de uma fortaleza* (18.19).

6. **Você cultiva um egoísmo que pode minar seu futuro casamento.** Pessoas que "ficam" aprendem padrões de autogratificação, de exploração e de falta de disciplina moral que no mínimo complicarão o futuro casamento. Em geral, esses padrões conduzem à infidelidade conjugal. Isso porque esse tipo de relacionamento enfatiza os *meus* desejos, as *minhas* necessidades, o *meu* prazer. E depois do casamento? O que impede que esses mesmos padrões continuem?

O negócio é ficar? Para o jovem cristão, a resposta é não. *Para o cristão, a "ficação" é mais uma ficção de Satanás.*

PARA DISCUSSÃO

- Das seis consequências do "ficar", qual é mais significativa na sua opinião?

- Até que ponto é válido o contato físico entre pessoas do sexo oposto que não sejam casadas? Existem regras claras nas Escrituras a esse respeito?

- Você consegue se lembrar de exemplos de relacionamentos danificados no corpo de Cristo por causa de namoros mal conduzidos, inclusive no sentido físico? O que aconteceu? Quais são os resultados?

- Você concorda com ou discorda da declaração: "Pessoas que 'ficam' aprendem padrões de autogratificação, exploração e de falta de disciplina moral que no mínimo complicarão o futuro casamento. Em geral, esses padrões conduzem à infidelidade conjugal".

- Quais são os possíveis ídolos por trás do "ficar"?

4. O CENTRO DA QUESTÃO

Inúmeras vezes, mencionamos o coração como fonte das decisões tomadas referentes ao namoro e noivado. Por exemplo, a adoração a Deus começa com o que a Bíblia chama de "coração", de onde *procedem as fontes da vida* (Pv 4.23). O conceito do coração à luz da Bíblia é tão central à discussão do namoro e do noivado que Deus sempre quis, que não hesitamos em dedicar um capítulo inteiro sobre o assunto.

1. O CORAÇÃO

O coração é o centro de controle do homem; é nele que residem pensamentos, intenções, crenças, desejos e atitudes. O conceito de centro do controle do homem também é chamado, com leves diferenças de nuances, de *mente*, *alma* e *espírito* no Novo Testamento. Em essência, são todos termos referentes ao aspecto não material do homem. Portanto, podemos dizer que o coração faz referência ao homem interior como um todo. Tudo o que não pertence à composição física do homem faz parte do centro de controle, o homem interior (Mt 13.15). Por exemplo, as ações têm origem no coração (Lc 6.45); a fé está centrada nele no ato de crer (Rm 10.10); a vontade é exercida no coração (Ef 6.6); e os cristãos são chamados a mantê-lo puro (Mt 5.8).

PERGUNTAS E RESPOSTAS SOBRE O NAMORO E O NOIVADO (QUE DEUS SEMPRE QUIS)

Três funções

O termo "coração" como centro de controle abrange três funções principais: pensar, desejar e sentir. Em seu livro *Ídolos do coração*, Elyse Fitzpatrick entende que o termo "coração" refere-se em primeiro lugar ao intelecto, que inclui pensamentos, crenças, lembranças, juízos, consciência e discernimento[35] (Mt 13.15; Rm 1.21; Mc 2.6; Lc 24.38; 1Rs 3.12; 1Tm 1.5). Outra parte importante do centro de controle do homem é aquilo que os puritanos chamavam de "afeições", que incluem desejos, sentimentos, imaginações e emoções[36] (Sl 20.4; Ec 7.9; Dt 28.47; 1Sm 1.8; Is 35.4; Js 14.8; Tg 3.14; Ec 11.9; Sl 73.7). A terceira função do coração é o exercício da vontade. A vontade é a parte da pessoa interior que escolhe ou determina as ações. De forma geral, "a ação é informada pela mente e pelas afeições quanto ao melhor curso de ação e age com base nisso"[37] (Dt 30.19; Js 24.15; Dt 23.15,16; Sl 25.12).

Uma essência

As três funcionalidades do coração, no entanto, não devem ser encaradas como características distintas e isoladas umas das outras. O homem interior não deve ser visto com ênfase em suas divisões, mas em sua unidade de essência. O que você pensa influencia o que sente e o que deseja num relacionamento dinâmico e de várias vias.[38]

Em resumo, tudo o que é estudado e exposto com relação ao namoro e às diversas áreas da vida deve ser aplicado na esfera do coração, pois este representa quem o homem é (Pv 27.19). Meras

---

[35] FITZPATRICK, Elyse. *Ídolos do coração*. São Paulo: Batista Regular, 2009, p. 104.

[36] IBID., p. 105.

[37] IBID., p. 107.

[38] É por essa razão que Jay Adams enfatiza corretamente a composição tangível e intangível do homem em sua unidade, e não em sua separação (ADAMS, Jay E. *A theology of christian counseling*. Grand Rapids: Zondervan, 1979, p. 110).

mudanças comportamentais não promovem transformação genuína no namoro e na vida de ninguém. A transformação que agrada a Deus deve acontecer na esfera do coração; é nela que está o real problema. Somente um coração transformado pela graça de Cristo pode cumprir o propósito original da criação, representando de forma visível o Deus invisível.

E daí?

A implicação da definição bíblica do coração é que todo e qualquer problema na violação do propósito original da criação do homem está relacionado ao coração. Todos os dias, o homem deve escolher a quem irá amar mais: a Deus ou a si mesmo. E somente o Espírito Santo através da Palavra de Deus pode revelar a verdade por trás de decisões tomadas no coração humano (Hb 4.12).

2. ADORAÇÃO GENUÍNA

Ainda existe muita confusão sobre o que é adoração genuína no coração. Stuart Scott indica corretamente que adoração não é igual a louvor.[39] Na verdade, a adoração genuína envolve o louvor e muito mais, pois ela consome a alma por completo (Dt 6.5; Lc 4.8; 14.25-33). Ou seja, o adorador irá sacrificar-se, focar, submeter-se, buscar, esperar, servir, falar sobre quem adora e gastar grande parte de seu tempo e energia direcionada ao objeto de adoração.[40]

Como projeto original da criação, o homem foi criado à imagem e semelhança de Deus (Gn 1.26,27).[41] Um dos aspectos envolvidos no conceito de "imagem e semelhança" tem a ver com a função do homem em representar Deus. O conceito desenvolvido nas páginas da Bíblia nos mostra que representar o Deus invisível de forma visível só é possível em uma vida marcada por

---

[39] SCOTT, Stuart. *The exemplary husband*. Bemidji, MN: Focus, 2000, p. 90.

[40] IBID.

[41] Leia mais sobre o tema nos capítulos 4 a 6 do primeiro volume.

adoração genuína a Deus e somente a ele. Por sua vez, a adoração genuína só acontece depois que Deus abre os olhos dos que não podem ver e os ouvidos dos que não podem ouvir (Sl 115; Is 6; 29; Jo 4.20-24).

Dentro do namoro, é comum o surgimento de diversas tentações que nos distraem de uma vida de devoção ao verdadeiro Deus. Por isso, precisamos reconhecer que grande parte do problema dos namorados está voltada a um problema de idolatria de coração. Veremos mais sobre isso um pouco adiante.

3. A COBIÇA

A cobiça pode ser definida como um forte desejo por aquilo que é proibido, ou seja, anseio por aquilo que não pode ser obtido ou desfrutado de maneira santa para a glória de Deus.[42] Ela age como a fonte inicial de todo pecado e como um guia na confecção de padrões de tentação em qualquer aspecto da vida do cristão (Tg 1.14,15). De certa forma, as pressões mencionadas aqui são responsáveis em modelar a cobiça e seus múltiplos ídolos. E são eles que cultivarão o intelecto, as emoções e o desejo de alguém.

Descrever com precisão como a cobiça é modelada é uma tarefa difícil; o risco de ser enganado pelo próprio coração é alto sem que haja uma orientação bíblica. A complexidade e o engano do coração humano trabalham contra o autoconhecimento e a compreensão da relação causa-efeito entre a cobiça e suas pressões relacionais ou socioculturais. No entanto, a descrição de Tiago mencionada é suficiente para o entendimento da atuação da cobiça e de como lidar com ela. Essa passagem e outros trechos bíblicos acerca do coração (Hb 4.12,13) formam a base para a solução do coração que cobiça.

---

[42] *A greek-english lexicon of the New Testament and other early christian literature.* 3. ed. Chicago: The University of Chicago Press, 2001, p. 372.

Amputação

Por vezes, Mateus 5.29,30 assusta o leitor contemporâneo da Bíblia. O texto parece sugerir a mutilação de órgãos como meio de santificação. No entanto, o conselho da "amputação radical" em Mateus 5.29,30 ensina que o cristão tomará medidas drásticas para livrar seu coração de tentações. Outros textos ajudam a entender o conceito de "amputação radical" com o foco no coração: Provérbios 4.23 e Filipenses 4.8. É possível guardar o coração, mesmo sendo corrupto e enganoso (Jr 17.9).

Ídolos funcionais

As pressões sociais formam um padrão de cobiça e desejo que frequentemente, ou quase sempre, entram em franco confronto com os princípios da Palavra. No caso da moça, tomando os exemplos de problemas relacionais, pode-se esperar o surgimento de um padrão de ciúme e cobiça por controle. No caso do rapaz, surge um padrão de busca por prazer dentro da ilusória afirmação que uma rápida companhia pode oferecer. Nesses exemplos, a moça cobiça o sentimento de segurança emocional e romance; o rapaz, por sua vez, o sentimento de conquista e controle das emoções femininas. Ou seja, existem ídolos funcionais no coração de ambos para garantir o que realmente querem.

No âmbito das questões socioculturais, a cobiça é moldada por valores sociais de beleza, desejo e aceitação. Jovens que se deixam envolver por uma cultura imoral desenvolvem de forma sutil um padrão de atração inclinado pelos gostos da cobiça, e não pelos valores bíblicos. (Você consegue perceber o impacto que isso terá no que se refere a emoções e paixões?). O perigo reside justamente no fato de que a cobiça cresce dentro do coração de forma desprevenida e, quando é manifesta, leva ao estrago mortal do pecado (Tg 1.15).

A mídia

O processo de degradação moral da sociedade contemporânea tem como uma de suas armas a influência da mídia. Paulatinamente, os cristãos de hoje são incentivados a abrir mão de valores morais explicitamente ensinados nas Escrituras por valores imorais implícitos na cultura pós-moderna. Essa influência moralmente "desordeira" da televisão, por exemplo, é mais enganosa que a influência direta.

O que acontece com todos nós, a não ser que nossa capacidade de juízo moral esteja aguçada e alerta, é que o entendimento daquilo que é "normal" começa a ser modificado. Com base na perspectiva de que "todos fazem isso" e de que ninguém, hoje em dia, acredita muito em Deus ou nos absolutos de verdade e virtude, nossas defesas se afrouxam e nossos valores ficam imperceptivelmente alterados. Começamos a considerar por corretos os gastos consumistas exagerados (quando somos manipulados), a violência física (quando somos provocados), a promiscuidade sexual (quando somos despertados para isso) — afinal são as normas aceitas na sociedade ocidental no início do século XXI. Fomos enganados![43]

Necessidade *versus* desejo

A cobiça é alimentada por influências ao nosso redor. Um passado sexual ativo pode contribuir para a formação de um forte padrão de cobiça no presente, com base na ideia falsa de que sexo é uma necessidade fisiológica fundamental. Problemas relacionais contribuem para a formação da cobiça quando constroem na mente do homem supostas "necessidades" de afeto que não foram supridas em relacionamentos anteriores — todas elas baseadas em expectativas pessoais, normalmente fora da vontade revelada de Deus.

Em geral, a indústria do entretenimento na comunicação (filmes, minisséries, novelas, revistas, livros e inclusive as redes

---

[43] Cf. STOTT, John. *Eu creio na pregação*. São Paulo: Vida, 2003, p. 78.

sociais) cria um padrão de diversão que aos poucos vende um estilo de vida deturpado e longe dos ideais bíblicos. Esse tipo de comunicação executa um eficiente trabalho no implante de pressões malignas e falsos ídolos que desviam a atenção dos cristãos para o que é falso.

Processo de mudança

A cobiça é a grande inimiga da pureza no namoro. É fiel usuária das pressões sociais e a própria alma dos ídolos do coração. A necessidade de renovação da mente é um trabalho árduo que deve ser mantido de forma constante na vida do cristão que busca fazer uma escolha que honre a Deus no que se refere a namoro e casamento.

O processo de mudança começa com a identificação da fonte do pecado — o coração — e aquilo que o alimenta, uma cobiça construída com base nas enganosas necessidades emocionais e/ ou físicas. A partir daí, o arrependimento genuíno deve conduzir a pessoa ao aprendizado da mortificação do pecado e à escolha por desejos de honrar a Deus.

O processo de fazer morrer o pecado (i.e., mortificação) envolve um verdadeiro ódio pelo pecado. Por outro lado, a mortificação e a crucificação dos desejos da carne também implicam um desejo genuíno pela sabedoria de Deus e pela disposição do cristão em identificar-se com a cruz de Cristo (Gl 2.20).

Após a mortificação das paixões, o arrependimento clama por desejos que honrem a Deus. É possível redirecionar os fortes desejos do coração pelo pecado rumo à santidade, pois a vontade de Deus é a santificação (1Ts 4.3), posta em prática através de desejos que o glorifiquem. Isso inclui todos os aspectos da vida, inclusive o namoro. Caso contrário, as consequências de um namoro direcionado pela cobiça relacional ou sociocultural são graves e amargas.

CONCLUSÃO

Uma vez que a razão, a volição e a emoção procedem do coração, é fundamental guardá-lo, o que implica um processo de crer na verdade, desejar em obediência e sentir de maneira santa. Esses três aspectos devem trabalhar juntos para construir um coração que teme ao Senhor. Desse modo, cabe ao homem dominar sua vontade, assim como Caim deveria ter feito com seu desejo (cf. Gn 4.7).

Diante dos problemas comuns do namoro e do que acabamos de expor, pergunta-se: para onde os jovens solteiros têm direcionado seus desejos? Será que as pressões discutidas até aqui não estão levando muitos à cobiça que se deixa entrever por escolhas erradas e distantes da vontade de Deus? Pode-se dizer que os jovens solteiros desenvolveram padrões pecaminosos que cumprem a vontade do mundo, mas não a de Deus? Servem a Deus ou a ídolos do coração confeccionados pela pressão da mídia?

É tempo de renovar a mente e usar a Palavra de Deus para transformar a cobiça em padrões divinos de santidade e matrimônio. Só o relacionamento sadio com Deus, orientado por sua Palavra, levará os jovens solteiros à maturidade na escolha de um cônjuge.

PARA DISCUSSÃO

- Porque o "coração", a "adoração", a "cobiça" e os "ídolos do coração" são assuntos fundamentais quando se trata do relacionamento entre os sexos?
- Como a mídia tem impactado o coração dos jovens em termos de expectativas ao relacionamento com pessoas do sexo oposto?
- O que é um "ídolo funcional"? Como pode influenciar no namoro, no noivado e no casamento?
- Qual é a diferença entre necessidades e desejos? Como afeta as expectativas no relacionamento a dois?
- Quem consegue guardar o coração de forma perfeita?

5. MEU ÍDOLO

A definição de adoração nos mostra que a idolatria nada mais é que uma adoração equivocada. Um ídolo "é qualquer coisa que *constantemente* fazemos igual ou mais importante que Deus no que se refere a atenção, desejo, devoção e escolhas que lhe dedicamos".[44] Ou, ainda, um "ídolo é tudo o que exige a lealdade devida exclusivamente a Deus".[45] Logo, a idolatria refere-se "à adoração de outros deuses que não são o Deus verdadeiro ou à veneração de imagens".[46]

A Palavra de Deus condena veementemente a idolatria. Deus criou o homem como representante visível de sua imagem e semelhança. Qualquer tentativa de criar imagens (físicas ou não) de falsas divindades é uma demonstração de rebeldia ao projeto divino original. Deus odeia a idolatria e requer exclusividade na adoração a ele (Lv 19.4), pois somente ele é digno de louvor e adoração (Ap 4.9-11; 5.11-14).

O ódio divino para com a idolatria é mais bem entendido no contexto da tradição do antigo Oriente Médio e no Antigo Testamento. Naquele tempo, acreditava-se que a presença divina estava

---

[44] SCOTT, Stuart. *The exemplary husband.* Bemidji: Focus, 2002, p. 91. [Tradução nossa.]

[45] BEALE, G. K. *Você se torna aquilo que adora.* São Paulo: Vida Nova, 2012, p. 17.

[46] IBID.

contida na imagem do ídolo.[47] Desse modo, a idolatria não representava apenas uma religião alternativa, mas uma afronta ao único e verdadeiro Deus.[48]

LOUCURA

"A idolatria não é apenas pecaminosa; ela também é absurda. O Antigo Testamento afirma de maneira sarcástica sobre a estupidez e irracionalidade da idolatria."[49] A idolatria é claramente apresentada como irracional (Is 44.9,13-20; Jr 51.17). O conceito de idolatria não é exclusividade do Antigo Testamento. A loucura da idolatria também é apontada e condenada no Novo Testamento (1Jo 5.21). Aliás, se o conceito de idolatria é entendido como sinônimo das definições de ganância e cobiça (Cl 3.5), o Novo Testamento é repleto de exortações contra a idolatria, ou seja, contra a avareza e a cobiça (Gl 5.16; Ef 2.3; 4.19; Tg 1.14; 1Pe 1.14).

IDOLATRIA NO NAMORO

O assunto é amplo e impacta também o relacionamento de namoro. Não é incomum namorados entrarem em diversos conflitos porque não têm o coração centrado na adoração exclusiva a Deus. É o que revela Tiago 4.1: *De onde vêm as guerras e discórdias que há entre vós? Será que não vêm dos prazeres que guerreiam nos membros do vosso corpo?*

---

[47] G. K. Beale apresenta uma excelente teologia bíblica da idolatria em seu livro *Você se torna aquilo que adora* (São Paulo: Vida Nova), p. 15-35. Nesse rico volume, Beale propõe discutir o conceito de idolatria de forma exaustiva através de toda a Escritura.

[48] A Bíblia condena até mesmo a confecção de imagens para representar o verdadeiro Deus de Israel, possivelmente pelas seguintes razões: 1) Deus não se revelou sob qualquer forma tangível para Israel. Portanto, representá-lo com qualquer parte da criação é cometer idolatria (Dt 4.12-16,23-25). 2) A confecção de imagens de Deus também não era permitida porque era necessário manter uma consciência contínua entre o povo de Deus de que existe uma distinção entre o Deus infinito e a finita. 3) A proibição de imagens ajudava os israelitas a manter a distinção entre o Deus verdadeiro e os deuses pagãos (Is 40.18-26). (Ver BEALE, G. K. *Você se torna aquilo que adora*. São Paulo: Vida Nova, 2014, p. 18,19.)

[49] FITZPATRICK, Elyse. *Ídolos do coração*. São Paulo: Batista Regular, 2009, p. 124.

Como em qualquer outra área da vida, a idolatria no namoro pode assumir várias formas e acontecer em diversos momentos. A confecção dos ídolos do namoro pode começar no desejo de iniciar um relacionamento, como também durante a fase de seu desenvolvimento. Desejar um relacionamento de namoro não é pecado em si,[50] mas a disposição de pecar para iniciar um namoro ou para mantê-lo indica a presença de ídolos no coração. O desejo torna-se maligno porque existe a disposição em desobedecer a Deus para conseguir o que se deseja. Ou então o desejo revela-se maligno porque existe uma reação pecaminosa quando ele não é satisfeito.

Por exemplo, se alguém está disposto a pecar sexualmente (1Ts 4.1-8) para iniciar ou manter o namoro, há idolatria. Se existem ira e ciúme quando o relacionamento é rompido, há grandes indícios de idolatria num coração que não vive inteiramente para agradar a Deus. Desejar e ansiar Deus por completo traz repercussões na qualidade dos relacionamentos pessoais. Os frutos em qualquer estágio do namoro revelam a natureza dos corações envolvidos.

APETITES, APARÊNCIA E SUCESSO

Inevitavelmente, os ídolos comuns no namoro entram em uma das três categorias mencionadas em 1João 2.16: o *desejo da carne*, que são os ídolos dos apetites humanos por prazer, conforto, sexo, comida, satisfação e alívio; o *desejo dos olhos*, que são os ídolos da aparência, desejo de ter; e o orgulho dos bens, que são os ídolos do sucesso, controle, poder, aprovação, reconhecimento e respeito.[51]

De uma forma ou de outra, as três categorias funcionam de forma conjunta. Por exemplo, o namoro pode estar fundamentado no desejo de agradar pessoas do grupo de convívio ou até

---

[50] Para um bom exemplo de um desejo forte que não se tornou pecaminoso, basta ler a história de Ana em 1Samuel 1 e seu clamor diante de Deus ao pedir um filho. Note como seu desejo era forte, mas ao mesmo tempo voltado para a glória de Deus.

[51] MACK, Wayne. Notas de aulas de Introdução ao Aconselhamento. Santa Clarita, CA: *The Master's College*, 2003.

mesmo a outra parte envolvida no namoro. Portanto, existe um ídolo de aprovação, parte da soberba da vida. A partir daí, pode surgir a disposição de mentir, manipular ou até mesmo de pecar sexualmente para manter o relacionamento. Nesse caso, a raiz do pecado sexual não é a concupiscência da carne em si, embora essa seja parte do problema. Tratar o assunto com regras e compromissos comportamentais de pureza sexual é insuficiente. Os envolvidos precisam mudar o foco de quem está procurando agradar no namoro e viver para agradar tão somente a Deus (1Co 10.31; 2Co 5.9). Caso contrário, o ídolo da aprovação irá se manifestar de outra forma que não seja o pecado sexual, e o real problema não é tratado na esfera do coração.

GUARDE-SE DOS ÍDOLOS

O cristão pode ter um coração dividido (Tg 1.6-8), que leva ao autoengano e a uma adoração equivocada. Portanto, ele deve guardar-se dos ídolos (1Jo 5.21) e julgar todos os pensamentos de acordo com a Palavra de Deus, levando-os cativos a Cristo (2Co 10.5). Atitudes que agradam ao Senhor no que se refere ao namoro são, antes de tudo, resultados de um estilo de vida caracterizado pelas palavras do salmista: *Ensina-me o teu caminho, Senhor, para que eu ande na tua verdade; dá-me um coração inteiramente fiel, para que eu tema o teu nome* (Sl 86.11, *Nova Versão Internacional*). Somente quando o coração está crescendo voltado exclusivamente para o Senhor é que os candidatos ao namoro e casamento poderão começar a pensar biblicamente sobre o assunto e agradar a Deus em suas decisões e atitudes.

DESMASCARANDO OS ÍDOLOS

Deus é fiel em revelar os ídolos do coração. Por causa do poder do engano e da destruição dos ídolos, o homem precisa de Deus no processo de santificação. De uma forma geral, Deus revela os ídolos do homem por meio de quatro maneiras principais:

a) pela Palavra e pelo Espírito Santo (1Co 6.19; Hb 4.12; compare com Ef 5.18 e Cl 3.16, no contexto);

b) pela experiência da futilidade de seus ídolos (Sl 106.13-15);

c) por exemplos vivos de verdadeira adoração que convencem o coração idólatra (por exemplo, Elias em 1Rs 18.26,36);

d) pela administração de uma disciplina amorosa (Hb 12.5-11).

Obviamente, as quatro maneiras mencionadas manifestam-se de formas diferentes. Algumas são acompanhadas de muita dor, e outras não. Deus quer que os ídolos do namoro (e de qualquer outra área da vida) sejam abandonados. O processo tem início com o pedido para Deus sondar o coração, revelar os ídolos e avaliar a genuinidade da adoração a ele (Sl 139.23,24).[52] Quando o ídolo é identificado, existe a necessidade de confissão (Sl 51.3,4,17; 1Jo 1.9), seguida de arrependimento genuíno (Ez 14.6; 2Co 7.9-11).

> A confissão de nossa necessidade e de nosso pecado humilha corações naturalmente orgulhosos. Mesmo que seja difícil humilhar-se a si mesmo, lembre-se que *Deus resiste ao soberbo, mas concede graça ao humilde* (1Pe 5.5). Quando eu me apresento diante dele orgulhoso e satisfeito comigo mesmo, não estou buscando sua força [...] não importa quanta força de vontade eu pense ter, ou quão forte pense ter ficado, sem o Espírito, estou fadado ao fracasso. Somente quando tenho uma visão clara da minha absoluta carência é que seu poder está presente para me ajudar e me transformar [...]. A verdadeira confissão não inventa desculpas nem tenta encobrir a culpa. Confessamos nossos pecados porque o pecado é uma afronta ao Deus santo. Na confissão dizemos que concordamos com a avaliação que Deus faz de nossa conduta. A opinião dele a respeito da nossa conduta é sempre certa e santa. Você precisa primeiro ver-se como pecador antes de conhecer o consolo oferecido pelo Salvador [...]. Como você deveria confessar seu pecado? Deveria confessá-lo o mais precisamente possível [...]. A confissão deve incluir não apenas o comportamento

---

[52] SCOTT, Stuart. *The exemplary husband*. Bemidji: Focus, 2002, p. 97-98.

pecaminoso exterior, mas também os desejos e pensamentos que produziram tais atos.[53]

A partir daí o jovem cristão deve remover a possibilidade de adorar outros ídolos em estado de alerta máximo (1Pe 1.13-16). Nesse último ponto, é importante reforçar a necessidade de ter a paixão correta e, consequentemente, o desejo correto. É o desejo certo que produzirá efeitos profundos nas decisões, ações e alegria. O jovem cristão deve cultivar no namoro, e em tudo, desejos santos que agradam a Deus. E somente os cristãos têm a capacidade de cultivar tais desejos santos (Sl 101; Rm 3.10-29; Ef 2.3; 5.3-5; Cl 3.5-7; Tt 3.3).

E NA PRÁTICA...

Alguns exemplos de desejos e expectativas errados no namoro são: "eu vou ter um namoro sem conflito"; "minha namorada (ou meu namorado) estará sempre disposta(o) a conversar comigo"; "minha namorada (meu namorado) sempre vai me agradar com seu jeito de se vestir e naquilo que faz"; "meu namoro satisfará todos os meus sonhos românticos"; ou, ainda, "meu namoro trará a satisfação que tanto procuro". De uma forma ou de outra, ídolos como esses vão se manifestar com o tempo e durante o tempo todo. Os enamorados em geral pecam para atingir seus objetivos ou quando tais objetivos não são alcançados.

TROCANDO OS ÍDOLOS

Portanto, no processo de arrependimento descrito acima, os namorados precisam cultivar um coração que busca a glória de Cristo. Somente isso produzirá desejos e expectativas corretos: "Que eu conheça mais de Cristo" (Fp 3.10-14); "Que eu conheça a Palavra de Deus e lhe obedeça" (Sl 119.18; 101; 112; 131); "Que eu me torne mais como Cristo em meio a todas as circunstâncias"

---

[53] FITZPATRICK, Elyse. *Ídolos do coração*. São Paulo: Batista Regular, 2009, p. 202-203.

(Rm 8.28,29); "Que eu seja usado por Deus para testemunhar por ele" (Mt 28.19,20); "Que eu seja agradável a Deus apesar das circunstâncias" (2Co 5.9); "Que eu cultive uma atitude de alegria e gratidão pelo que Deus está fazendo em minha vida" (1Ts 4.16-18); "Que eu sirva aos outros em vez de ser servido" (Gl 5.13); "Que eu aguarde o céu como lugar de satisfação completa em Jesus" (Jo 14.1-3).[54]

Quando os ídolos são abandonados por completo e existe um relacionamento genuíno com Cristo, o namoro é marcado pela santidade tão claramente descrita na Palavra de Deus:

> *Se é que de fato o ouvistes, nele fostes instruídos, conforme a verdade que está em Jesus, a vos despir do velho homem, do vosso procedimento anterior, que se corrompe pelos desejos maus e enganadores, e a vos renovar no espírito da vossa mente, e a vos revestir do novo homem, criado segundo Deus em verdadeira justiça e santidade* (Ef 4.21-24).

Nesse ponto, a decisão de namorar e o namoro em si deixam de estar centrados no homem para refletir um estilo de vida centrado única e exclusivamente em Deus.

PARA DISCUSSÃO

- Em suas próprias palavras, o que é um ídolo?
- Quais são as evidências de idolatria no namoro? Como lidar com elas?
- Avalie a declaração de Elyse Fitzpatrick citada neste capítulo: "Idolatria não é apenas pecaminosa; ela também é absurda". Por que é loucura ter outros deuses?
- Quais são alguns exemplos reais de como Deus nos revela os ídolos do nosso coração?
- Como você descreveria o processo de mudança para deixar falsos ídolos e adorar verdadeiramente a Deus?
- Como você "turbinará" seu desejo por Deus?

---

[54] Baseado no livro de Stuart Scott. *The exemplary husband* (Bemidji: Focus, 2002), p. 98.

6. A PRECIOSIDADE DO OUTRO: O AMOR PELO PRÓXIMO E AS BOAS MANEIRAS

Certa vez recebemos a seguinte carta:

> Estou namorando um rapaz de quem gosto muito, mas ele tem alguns hábitos nojentos, que me deixam desanimada. Já falei com ele sobre alguns, mas ele só dá risada e diz que os homens são assim. O que eu posso fazer para mudá-lo? Não sei se quero casar com alguém assim!

Durante muitos anos a preocupação com "boas maneiras" nos parecia elitismo, com regras arbitrárias, fabricadas por pessoas ociosas e sofisticadas demais para nosso gosto. Em alguns casos, tinha razão: estender o dedinho da mão direita para tomar um chá inglês não necessariamente sinaliza um amor pelo outro.

Mas existe muita base bíblica para as boas maneiras. Afinal de contas, nada mais são do que uma aplicação do princípio conhecido como amor ao próximo. O respeito pela preciosidade dos outros é o que distingue o cristianismo de todas as outras religiões do mundo. Amar o próximo como a nós mesmos (cf. Lv 19.18; Mt 22.39) tem plena expressão no cuidado para com aquele que está ao nosso lado, assim como as pessoas que nos seguem.

O texto bíblico clássico sobre esse tipo de amor encontra-se em Filipenses 2.1-8 e fala do exemplo de Jesus Cristo, a pessoa mais perfeita que já existiu, pois vivia sempre para abençoar os que estavam a seu redor. Jesus era simples, humilde, um homem com todas as letras, mas tratava as pessoas com consideração, dignidade e respeito. Não consigo imaginar Jesus partindo pão com os Doze e guardando metade da refeição para si mesmo num prato já cheio de comida, correndo na frente dos outros para comer, falando com a boca cheia ou arrotando logo após a refeição. Ele sempre servia aos outros primeiro. Acho difícil imaginar Jesus acampado à margem do mar da Galileia e deixando lixo na praia para os próximos retirantes pisarem. Muito menos consigo imaginar ele e os discípulos pichando as pedras da Judeia com exclamações do tipo: "Jesus e seus discípulos estiveram aqui!"

Para o cristão, ter boas maneiras significa viver conforme a resposta à pergunta: "O que Jesus faria?" O fato é que muitos hoje não sabem o que Jesus faria por não conhecerem as Escrituras, as quais revelam Cristo do início ao fim. Infelizmente, nunca refletiram sobre expressões práticas de amor ao próximo em nossos dias. Esses hábitos de consideração mútua devem ter plena expressão no namoro e crescer ao longo do casamento.

O autor Ravi Zacharias caracteriza a perspectiva das boas maneiras como uma expressão do amor de Cristo: "Cavalheirismo no amor não tem nada a ver com a doçura de aparências. Tem tudo a ver com a ternura de um coração determinado a servir".[55]

Em pesquisa que fizemos entre casais brasileiros, os "maus hábitos" foram citados como a maior causa de dificuldades conjugais, pelo menos nos primeiros anos de casamento, até mesmo acima de problemas de comunicação, finanças, sexo, criação dos filhos, parentes e outros! Sabemos que no dia a dia essas "pequenas irritações" podem desgastar um relacionamento.

Podemos tratar da questão das boas maneiras e dos maus hábitos no relacionamento a dois em dois níveis:

---

[55] ZACHARIAS, Ravi . *I, Isaac, take thee, Rebekah: moving from romance to lasting love*. Nashville: W. Publishing Group, 2004, p. 34. [Tradução nossa.]

1. INFORMAÇÃO

Seria muito bom se os homens soubessem quais são os hábitos que irritam as mulheres e vice-versa. Sabendo disso com antecedência, tanto um como o outro poderiam mudar certos hábitos e assim resolver muitos problemas tanto no presente quanto no futuro.

2. CORAÇÃO

O fato é que, na maioria dos casos, informação não é suficiente. O problema é maior, dentro do coração. Uma vida vivida pela graça de Jesus nos influenciará de duas maneiras:

- O amor encobrirá uma multidão de pecados. Ficaremos mais dispostos a perdoar os maus hábitos, sendo mais tolerantes e menos exigentes e irritadiços.

- Quando confrontados com nossos próprios maus hábitos, estaremos mais dispostos a reconhecer nosso erro e egoísmo e fazer um esforço humilde, na dependência de Deus, para mudar, mesmo em áreas que julgamos inocentes e irrefletidas.

Não praticar boas maneiras muitas vezes revela falta de educação, egoísmo ou até desrespeito e desonra para com os que estão ao nosso redor. Cabe a cada um de nós perguntar a nós mesmos se estamos deixando que a vida de Jesus seja vista em nós, pelo amor à preciosidade daqueles que nos rodeiam.

Por isso, sugerimos a seguir um pequeno guia para as boas maneiras culturalmente reconhecidas como evidências de pessoas que respeitam a preciosidade dos outros. Esse guia pode servir muito bem aos enamorados que precisam aprender a evitar os maus hábitos que causam tanta desavença nos primeiros anos de casamento. O guia é fruto de pesquisas entre jovens casais sobre os hábitos que mais os irritavam na vida conjugal.

O que Deus ainda quer que você saiba

A lista não somente ajudará você a ser uma pessoa mais preparada, mas também a ser um namorado (e futuro cônjuge) bem mais agradável! Em termos de informação, talvez sirva de "medicina preventiva", fruto de pesquisa entre recém-casados sobre os hábitos do cônjuge que mais causavam irritação no relacionamento a dois. Talvez pareçam coisas bobas e sem importância, mas, quando não existe a disposição de perdoar faltas do outro ou de fazer mudanças de hábitos com humildade, as coisas bobas viram motivos de grandes brigas:

HOMENS RECLAMAM DE MULHERES QUE:	MULHERES RECLAMAM DE HOMENS QUE:
• Deixam desordem pela casa	• Deixam desordem pela casa
• Falam alto demais	• Não dão atenção ou fingem que estão entendendo
• Chamam-nos quando estão ocupados	• Não ajudam na limpeza da casa
• Não são pontuais nos compromissos	• Não são pontuais nos compromissos
• Desperdiçam alimentos	• Dirigem como um doido
• Atrapalham no trânsito	• São omissos na disciplina das crianças
• Não param para ouvir atentamente	• Assistem a muita televisão
• Descuidam-se com a higiene pessoal	• Descuidam-se com a higiene pessoal
• Demoram muito para se arrumar	• Cortam as unhas e não limpam a sujeira
• Irritam-se com muita facilidade	• Roem unhas
• Cobram demais	• Enfiam o dedo no nariz
• Não apertam corretamente o tubo de creme dental	• Comem rápido demais
• Não pensam antes de falar	• Limpam a mão na roupa quando acabam de comer
• Respondem a perguntas que são feitas ao marido	• Limpam a boca na toalha da mesa quando terminam de comer
• Perguntam várias vezes a mesma coisa	• Ficam com palito de dente na boca
• Choram	• Fazem brincadeiras de mau gosto
• Visitam muitas lojas para comprar UMA roupa	• Cobram demais os horários

PERGUNTAS E RESPOSTAS SOBRE O NAMORO E O NOIVADO (QUE DEUS SEMPRE QUIS)

HOMENS RECLAMAM DE MULHERES QUE:	MULHERES RECLAMAM DE HOMENS QUE:
• Usam o banheiro com a porta aberta • Esquecem de tarefas e datas importantes • Deixam cabelos entupirem o ralo do banheiro • Deixam lixo no carro • Limpam demais a casa todo dia • Falam demais e dominam a conversa • Descuidam da segurança dos filhos • Dormem muito • Não têm paciência • Parecem que amam mais os animais de estimação do que o marido	• Usam o banheiro com a porta aberta • Esquecem de datas importantes • Deixam abertas todas as portas que abrem • Dormem no sofá após a refeição • Deixam as meias dentro dos sapatos • Ligam sempre para a mamãe • Fazem barulho quando a esposa está tentando dormir • Dormem mais que o necessário • São apressados, e não românticos, no relacionamento sexual • Não limpam os pés quando entram em casa • Passam muito tempo no computador

Além desses itens, oferecemos algumas dicas úteis para que a vida outrocêntrica de Jesus seja vivida de forma prática entre nós.

Em geral

- Ninguém deve interromper uma conversa, mas esperar sua vez de falar.

- Não falar alto, nem dominar a conversa ou fazer perguntas pessoais ou íntimas, usar palavrões ou palavras indiscretas, chamar atenção para si mesmo ou falar mal de outras pessoas.

- Nunca "furar fila", correr na frente de outros para ser servido primeiro, nem pegar porções grandes demais ou que talvez signifiquem que outros vão ficar sem o suficiente.

- Nunca bater em outra pessoa.

- Não arrumar móveis ou decorações na casa dos outros.

Em casa

- Levantar-se na presença dos mais velhos quando entram na sala (Lv 19.32).
- Desligar a televisão ou desviar a atenção do computador ao receber uma visita.
- Não deixar roupas sujas e objetos pessoais no chão ou "esquecidos" ao redor da casa.
- Não sujar múltiplos copos, pratos, talheres e deixá-los para outro lavar.
- Não deixar uma última folha no rolo de papel higiênico, só para não ter que trocá-lo.
- Não devolver a jarra de suco (ou leite, ou água) à geladeira com somente algumas gotas sobrando (para não ter que fazer mais, ou encher a jarra).
- Abaixar a tampa do vaso sanitário!
- Limpar a pia ou o chuveiro depois de fazer a barba ou uma depilação.
- Não deixar o lixo transbordar para que outro tenha que lidar com a sujeira.

Em público

- Cumprimentar as pessoas com um sorriso e interesse genuíno em seu bem-estar.
- Sempre deixar o lugar que visitou (parque, *camping*, floresta etc.) mais limpo do que quando você chegou.
- Nunca jogar ou deixar lixo no chão.
- Oferecer seu assento ou lugar na fila para pessoas idosas, gestantes, portadores de deficiência ou pessoas com crianças pequenas (NUNCA sentar-se ou estacionar em lugares designados para essas pessoas!)
- Não estragar a natureza, tirando flores ou plantas, deixando marcas em árvores etc.

Na igreja

- Não correr ou fazer bagunça em lugares onde pessoas idosas ou debilitadas congregam.
- Não atrapalhar o andamento do culto público por:
  — Chegar atrasado
  — Levantar e sair
  — Passar recados e bilhetes
  — Conversar
  — Deixar seu bebê chorar
  — Usar roupa indecente
  — Mexer com o cabelo
  — Enviar SMS

À mesa de refeição

- Somente começar a se servir quando os anfitriões se sentam e pegam nos talheres ou dão permissão para comer (isso para respeitar o tempo e trabalho que investiram em preparar a refeição).
- Evitar tópicos "grosseiros" (tais como "sangue", "vômito", doenças e acidentes) enquanto estiver sentado à mesa.
- Começar a se servir com o que estiver na frente e depois de se servir sempre passar os pratos adiante.
- Não falar com a boca cheia ou mastigar com a boca aberta.
- Não reclamar ou fazer comentários negativos sobre a comida, mas, sim, elogiar a pessoa que a preparou e agradecer a ela.
- Nunca brincar com a comida no prato.
- Evitar jogar fora comida que você mesmo colocou no prato, mas comer tudo.
- Pedir licença para sair da mesa.

O que Deus ainda quer que você saiba

No caso da jovem cujo namorado não quer melhorar nas áreas em que ela considera importantes quanto às boas maneiras, a namorada precisará achar uma ocasião apropriada para abordar o assunto seriamente com ele. Se for algo tão importante para ela, deve ser ainda mais importante para ele, caso o amor dele seja verdadeiro e se ele de fato deseja ser o tipo de marido descrito em Efésios 5.25-33. Deve falar quais são suas preocupações e perguntar como ela poderia ajudá-lo a vencer velhos e maus hábitos que provavelmente adquiriu na infância e nunca foram questionados. Ele precisa ter a chance de crescer nessas áreas práticas e assim demonstrar sua disposição em mudar. A mudança nunca é fácil e certamente não será fácil para ele, por isso as críticas devem ser feitas com tato e humildade (Gl 6.1).

Se o namorado resistir a toda e qualquer tentativa de corrigir algumas dessas áreas, ela terá que avaliar bem se quer mesmo casar-se com ele. Conforme o ditado, os homens se casam esperando que a mulher nunca mude, mas ela muda sim; e as mulheres se casam esperando que o homem mude, mas ele não muda nada depois de casado.

PARA DISCUSSÃO

- Até que ponto as boas maneiras refletem o princípio bíblico da "preciosidade do outro" ou são simplesmente regras arbitrárias sociais sem validade?

- Se um namorado se recusa a corrigir alguns hábitos para agradar à namorada, ela deve desmanchar o namoro?

- Das sugestões de boas maneiras mencionadas, qual é a mais difícil para você e por quê?

- Você consegue pensar em itens que não foram incluídos nas listas e que são importantes ou demonstram boas maneiras e amor ao próximo?

- É possível que os itens mencionados tomem um lugar importante demais no namoro? Como evitar isso?

7. PREPARANDO JOVENS PARA O CASAMENTO

Outra correspondência que recebemos de líderes de jovens:

> Fazemos parte da liderança de jovens de nossa igreja. Reconhecemos a grande necessidade que os jovens hoje têm de conhecer modelos bíblicos para o namoro e para o noivado, mas parece que estamos nadando contra a maré. Podem sugerir algumas maneiras de capacitar esses jovens para enfrentar as pressões negativas da sociedade a fim de que se preparem para o casamento?

Há muitas maneiras de a liderança da igreja, em conjunto com os pais, contribuir para equipar os jovens para um casamento sólido, inclusive o estudo sistemático do livro *O namoro e o noivado que Deus sempre quis*, como também deste livro, em encontros ou grupos de jovens.

Sugerimos aqui algumas ideias para pais e líderes que querem assumir seu papel bíblico como guardiães do coração dos jovens.

PROJETO JÓ

Tomando como exemplo a vida do patriarca Jó (Jó 1.1-5), que era sacerdote de seu lar e intercessor fiel por sua família, o ministério que chamamos de "Projeto Jó" visa a equipar pais e mães para que sejam guardiães do coração dos filhos. O alvo é ter encontros periódicos para a confraternização de pais junto com líderes e *experts* na área de criação e educação de filhos, bem como preparação para o casamento. Esses encontros oferecem conselhos bíblicos sobre o investimento dos pais na vida dos filhos, com ênfase especial na preparação para o namoro, noivado e casamento. O departamento de jovens da igreja pode promover os encontros, ou a própria liderança da igreja pode fazê-lo. Ocasionalmente, pais e filhos podem participar do mesmo seminário juntos.

CLASSE PARA PAIS DE ADOLESCENTES E JOVENS

Como parte do "Projeto Jó", ou como ênfase isolada, a classe de pais de adolescentes visa a equipar os pais no pastoreio dos filhos que passam por essa fase turbulenta, mas cheia de oportunidades. Novamente, a classe deve no mínimo incluir conteúdo sobre como preparar os filhos para o namoro, noivado e casamento. Pode ser uma matéria avulsa e ocasional no currículo da EBD da igreja, um grupo pequeno que se reúna durante a semana, ou palestras ocasionais. Um bom livro para se estudar é *Idade da oportunidade,* de Paul David Tripp.[56]

CASAIS DE MENTORES

O texto de 2Timóteo 2.2 diz: *O que ouviste de mim diante de muitas testemunhas, transmite a homens fiéis e aptos para também ensinarem a outros.* O princípio de discipulado e mentoreamento também funciona quando é aplicado para jovens casais. Um "programa" informal de acompanhamento desses casais visa a pôr um casal maduro, respeitado e exemplar (mesmo que não seja perfeito!) ao lado de casais jovens envolvidos num namoro "sério". Através de encontros informais e ocasionais (talvez mensais) os mentores investem na vida dos jovens com o objetivo de tirar dúvidas, resolver conflitos e prepará-los melhor para o casamento. Para obter um

---

[56] Publicado pela Editora Batista Regular.

A CHAVE DO CORAÇÃO (FILHAS)

esboço de programa, veja o capítulo "Orientação para casais que acompanham namorados", na Parte 3.

Nestes dias em que parece quase impossível vencer a luta contra a sensualidade, pais cristãos precisam tomar providências e ser proativos diante de uma cultura altamente sensual. Do coração *procedem as fontes da vida* (Pv 4.23), e os pais têm a responsabilidade de proteger a pureza e inocência dos filhos.

Num momento oportuno, talvez quando a filha tem de 10 a 12 anos de idade, os pais devem sair com ela para uma noite especial só os três. Depois da refeição podem entregar-lhe um presente, como por exemplo, um colar com um pingente dourado no formato de um coração. O pai ou a mãe deve explicar que o coração representa o coração da filha, o qual deve ser protegido a todo custo, e que Deus chamou os pais para ajudá-la nessa tarefa. O alvo é que chegue ao dia do casamento como um *jardim fechado* (Ct 4.12). Por isso, os pais guardarão consigo uma chave, representando a pureza moral da filha.

Sugerimos que a chave seja entregue ao noivo como parte da cerimônia de casamento, ou em um momento familiar relacionado ao grande dia. A essa altura, quando o pai tradicionalmente entrega a noiva para o noivo, também deve entregar-lhe a chave. A chave é testemunho simbólico de que ela foi guardada pura para o noivo e que dali em diante ele será o protetor do coração da esposa.

"A chave do coração" serve de símbolo sempre presente na vida da moça de seu compromisso com os pais e com Deus. Não é um amuleto que garante sua pureza, mas certamente será um passo na direção certa.

Se os pais da moça não quiserem ou não puderem realizar esse encontro simbólico, a jovem pode criar um símbolo para si mesma que possa ser usado como lembrança de seu compromisso com a pureza moral.

O BAÚ DO TESOURO (FILHOS)

Essa ideia é a versão masculina da "Chave do coração". Os pais (ou, se for necessário, somente o pai ou a mãe) devem sair com o filho para uma atividade especial, de preferência no início de sua adolescência. Parte da conversa deve voltar-se para a importância da pureza moral e a proteção do coração do jovem (Pv 7). Ao terminar a conversa, os pais entregam um baú rústico e pequeno com fecho apropriado para colocar um cadeado. Dentro dele há um pingente dourado no formato de um coração. O coração representa o coração do filho, que será guardado puro até o casamento. O filho, junto com os pais, deve fechar o baú com cadeado. Os pais guardarão a chave, e o filho guarda o baú num lugar de destaque em seu quarto para servir de lembrança de seu compromisso diante de Deus e dos pais.

Assim como na ideia anterior, esse "memorial" também poderá fazer parte da cerimônia de casamento. O coração e a chave poderão ser entregues à noiva pelo noivo, assim demonstrando o coração puro guardado para ela.

ENCONTROS INDIVIDUAIS

No preparo de um filho para o casamento, nada substitui tempos individuais com os pais para "abrir o jogo" sobre o namoro, o noivado, o sexo e o casamento. Não se pode (nem deve) abrir forçosamente uma janela no coração dos filhos, mas pode-se criar ambientes propícios para que ele mesmo abra a janela. Uma ótima oportunidade para fazer isso é por meio de encontros individuais e regulares entre pais e filhos.

Em nossa família (de David), isso foi feito por meio de encontros particulares com os filhos num café da manhã especial fora de casa. Periodicamente nossos pais saíam com cada filho individualmente para tomar café e conversar. Aproveitavam para encorajar individualmente cada um, falando quanto o valorizavam e quanto significavam para a família. Conversavam sobre assuntos de interesse para cada filho em particular, e muitas vezes isso levava a conversas mais sérias sobre seu relacionamento com Deus, com os irmãos e com membros do sexo oposto. Essa prática continuou durante toda a adolescência e juventude, até o dia do casamento.

O pai pode fazer um estudo sobre princípios de namoro com seu pré-adolescente antes que o interesse deste seja despertado pelo sexo oposto. Os dois conversam sobre princípios, cautelas, o plano de Deus no casamento... É bom que o pai chegue antes que o "mundo" porque então a conversa é mais aberta, e o filho recebe o conselho melhor. Quando for namorar, já tem o conselho do pai bem fixado na mente.

E, se os pais não iniciam esse tipo de conversa a dois? Nada impede que o jovem procure marcar um tempo de conversa com o pai ou a mãe. Imagine a surpresa (e, na maioria dos casos, a alegria) dos pais quando o filho jovem os convida para um tempo especial a dois?

PACTO FAMILIAR DE NAMORO

Antes que os filhos cheguem à idade de interesse sério no sexo oposto, os pais podem estabelecer um *pacto familiar de namoro* que estipule as expectativas, os padrões e os pré-requisitos no namoro. É importante que tanto pais quanto filhos concordem sobre os padrões a serem estabelecidos, pois eles servirão como ponto de apoio e entendimento mútuo entre todos mais tarde.

O pacto pode ser elaborado pelos pais e filho juntos. Numa ocasião especial (por exemplo, uma saída dos pais com o filho), podem conversar sobre o pacto e depois "ratificá-lo". De vez em quando, seria bom revisar o pacto para mantê-lo vivo na memória de todos.

O jovem comprometido com Cristo não precisa de pais cristãos para estabelecer seu próprio pacto pessoal de padrões de namoro. Para obter um exemplo de pacto, veja o capítulo "Pacto de namoro", na Parte 3.

LISTAS DE QUALIDADES

Alguns jovens, com ou sem o envolvimento dos pais, têm optado por elaborar uma lista de qualidades desejáveis no futuro cônjuge, *antes de se interessar por um membro do sexo oposto*. Uma razão por trás da lista é evitar que alguém "charmoso" apareça no meio do caminho e seduza a princesa ou o príncipe, quando uma avaliação mais objetiva revelaria que a pessoa não condiz com as qualidades pretendidas.

A lista pode conter todos os itens que o jovem gostaria de ter no cônjuge, mas deve ficar claro quais são os pontos absolutamente necessários e quais são opcionais. Podem ser qualidades espirituais, pessoais e físicas. A lista ajuda a pessoa a "peneirar os candidatos", evitando, assim, erros de avaliação quando as emoções começam a surgir. A lista deve ser motivo de oração (Sl 37.3-5) tanto do jovem quanto dos pais.

O jovem precisará de muita sabedoria ao elaborar essa lista, por pelo menos dois motivos:

1. É difícil que a maioria dos jovens saiba de que tipo de cônjuge precisará para cinquenta ou mais anos de casamento para a glória de Deus.

2. Muitas vezes, esse tipo de lista tende a refletir quem nós já somos, ou seja, representa quem sou, o que gosto etc. No entanto, sabemos que casamentos saudáveis muitas vezes unem pessoas opostas, ou seja, complementares, em determinados aspectos.

No entanto, mais importante que a lista mencionada é uma lista de qualidades de caráter que a própria pessoa deseja cultivar. A lista de qualidades de caráter atua como alvo de vida do jovem e é anterior às demais listas, pois ajuda o jovem a crescer na semelhança com Cristo para que seja o melhor cônjuge possível quando e se o casamento acontecer.

ESTÁGIO DOS NOIVOS[57]

Talvez pareça uma ideia utópica, mas seria muito saudável resgatarmos uma ideia que era bastante comum não muito tempo atrás, quando casamentos aconteciam entre duas pessoas que conheciam muito bem a família um do outro. O estágio dos noivos segue o princípio de que o casamento une não somente duas pessoas, mas duas famílias e que, quanto melhor os noivos conhecem a família um do outro, menos problemas terão no casamento.

O objetivo é passar tanto tempo quanto possível, nas mais diversas situações, cada um na casa ou na companhia da família do outro. Como resultado, cada um fará descobertas valiosas sobre tradições familiares, celebrações especiais, pratos prediletos e muito mais, tornando as adaptações dos primeiros anos do casamento muito mais fáceis.

PARA DISCUSSÃO

- Das ideias listadas neste capítulo, quais você considera mais viáveis em seu contexto de vida? O que poderia fazer, você mesmo, para implementá-las?
- Se você está namorando, já tem um "casal de mentores"? Pode pensar em um casal que gostaria que acompanhasse seu namoro?
- Em sua opinião, quais são os elementos essenciais que devem ser incluídos em um pacto de namoro?
- Quais as vantagens e os perigos de fazer listas de qualidades desejáveis no futuro namorado (a)?
- Quais os benefícios e os perigos de fazer um "Estágios dos noivos", conforme descrito neste capítulo?

---

[57] PHILLIPS, Michael e PHILLIPS, Judy. *Best friends for life: an extraordinary new approach to dating, courtship and marriage — For parents and their teens.* Minneapolis: Bethany House, 1997, p. 179-186.

PARTE 3

Recursos práticos quando vier o que Deus quer

1. PACTO DE NAMORO

A seguir, oferecemos UM exemplo de pacto de namoro que pode ser adotado primeiro pelo indivíduo (de preferência, junto com os pais) e depois com o (a) namorado (a).

CRENDO. . .

... que o casamento é uma instituição sagrada ordenada por Deus para a vida;

... que Deus colocou os pais na posição de orientar seus filhos acerca da vontade dele para o casamento; e que os filhos têm a responsabilidade de respeitar e honrar seus pais e submeter-se à liderança deles;

... que a união de dois indivíduos em casamento também une suas famílias;

... que os pais podem e devem ser os guardiães da pureza emocional, mental e física de seus filhos;

... que o casamento para o cristão dentro do plano de Deus deve ser somente com outro cristão com o mesmo propósito e direção de vida;

... que a "multidão de conselheiros" que dá segurança nas decisões da vida pode e deve incluir todos os membros da família mais próxima...

EU PROMETO observar os seguintes padrões em meus relacionamentos com o sexo oposto:

1. Guardar minhas emoções de fantasias sobre namoro, amor e casamento.

2. Compartilhar com meus pais meus interesses, amizades e sonhos sobre membros do sexo oposto e informá-los quando alguém se aproximar de mim com interesse num relacionamento mais sério.

3. Preparar uma lista de qualidades desejáveis num cônjuge, junto com uma lista de qualidades que desejo desenvolver e tornar essas listas um assunto de oração.

4. Desenvolver amizades saudáveis com um grupo grande de pessoas de ambos os sexos.

5. Desenvolver amizades mais profundas somente com cristãos que tenham a mesma direção e o mesmo propósito de vida.

6. Não conversar sobre um relacionamento mais sério de namoro, noivado ou casamento sem primeiro assegurar-me da permissão de meus pais e da aprovação ou do encorajamento de minha família mais próxima.

7. Preservar minha pureza em todos os relacionamentos com o sexo oposto, evitando contato físico antes do compromisso de casar; evitando situações ou saindo de situações que aumentam a tentação; estabelecendo hábitos saudáveis de pensamento e entretenimento.

8. Ouvir o conselho de meus pais e obedecer às decisões deles em todas as questões relacionadas com meu coração e com relacionamentos com pessoas do sexo oposto.

2. ORIENTAÇÃO PARA CASAIS QUE ACOMPANHAM NAMORADOS[58]

INTRODUÇÃO

A seguir, oferecemos o esboço de um programa para o ministério de acompanhamento de jovens namorados por parte de casais mentores. Pela graça de Deus, ele tem sido usado para evitar divórcios e separações de muitos casais que fielmente o cumpriram.

1. CONSIDERAÇÕES INICIAIS

Temos visto que o namoro descompromissado, sem um propósito devido e com inadequados padrões bíblicos, que nossa sociedade estimula, tem assolado nossos jovens, afetado vidas e acarretado muitos prejuízos ao testemunho da Igreja de Cristo. Cremos que essa é uma fase fantástica e inesquecível na vida de todo casal. O namoro deve ser um período de conhecimento mútuo, amadurecimento pessoal e de aproximação ao Senhor.

---

[58] O esboço do ministério de acompanhamento de casais jovens de namorados foi preparado por Edson e Norma Espósito com o pastor Abmael Araújo Dias Filho, da Primeira Igreja Batista de Atibaia, e adaptado aqui para este livro.

Essa iniciativa busca auxiliar os casais a construir, através do namoro, um relacionamento que agrade ao Senhor e que marque o início de sua caminhada rumo ao casamento, de forma positiva e harmoniosa. O Programa de Acompanhamento de Casais de Namorados visa a designar um casal estável e casado para que acompanhe um casal de namorados até o casamento.

O ideal é que a igreja local designe casais de mentores capacitados para acompanhar jovens casais. Mas nada impede que o próprio casal procure casais maduros para mentoreá-los em um período tão importante como esse em seu relacionamento.

2. OBJETIVOS DO ACOMPANHAMENTO

Designar casais mentores que acompanhem o namoro de um casal, por meio de aconselhamento, oração e convívio.

O casal de mentores deverá ser casado e ter um bom testemunho como família.

Deus, pais, pastor, casal de mentores — esta deve ser a linha de autoridade sobre os casais de namorados.

Não queremos que aconteçam inversões e confusões sobre os limites na cadeia de autoridade. O fato de a igreja estar preocupada e de forma preventiva oferecer um programa como esse ao casal de namorados não isenta nem diminui o papel dos pais como principais responsáveis sobre a conduta e o acompanhamento de seus filhos nessa fase da vida.

3. DURAÇÃO DO ACOMPANHAMENTO

A duração será até o início do aconselhamento pré-nupcial, que será ministrado pelo pastor ou outra pessoa, ou casal designado pela igreja. (Nada impede que o próprio casal de mentores também faça o aconselhamento pré-nupcial.)

4. RESPONSABILIDADES DO CASAL DE MENTORES

Compete ao casal de mentores:

A. Ter encontros periódicos com o casal de namorados.

Espera-se um encontro mensal no mínimo, dentro da agenda mais conveniente entre o casal de mentores e o casal de namorados, a fim de ajudá-los a crescer no conhecimento mútuo e amadurecer em seu relacionamento rumo ao casamento.

É melhor que o encontro aconteça em lugares tranquilos onde não haja interrupções. A duração dos encontros pode ser combinada desde o princípio, caso seja necessário. Sugerimos que não exceda uma hora e meia de duração.

B. Orientar o casal de namorados sobre os princípios adotados pela igreja para o acompanhamento dos namorados.

C. Acompanhar se estão sendo observados os princípios adotados pela igreja, bem como o amadurecimento do relacionamento.

Por meio de conversas francas e honestas, verificar como estão sendo cumpridos os padrões citados, ajudando-os a corrigir os que, porventura, não estejam a contento. Usando as sugestões de assuntos a seguir, verificar o amadurecimento e o aprofundamento de seu relacionamento e conhecimento mútuo.

D. Orar pelo casal.

Sempre que possível, orar por áreas específicas, de conhecimento ou não do casal de namorados e acompanhar o resultado da oração.

E. Administrar eventuais problemas que o casal de namorados esteja enfrentando.

Caso esteja ocorrendo algum problema mais grave com o casal de namorados, ou alguma situação mais complexa, o casal de mentores poderá contar com o apoio do pastor ou da liderança espiritual da igreja.

É importante que o casal de mentores não procure resolver sozinho problemas de maior complexidade ou que envolvam outros além do casal de namorados, ou ainda a igreja.

5. RESPONSABILIDADES DO CASAL DE NAMORADOS

Compete ao casal de namorados:

A. Aceitar o acompanhamento de um casal de mentores (a participação não será obrigatória).

B. Priorizar o encontro com o casal de mentores.

C. Procurar ter um relacionamento franco e aberto com o casal de mentores.

6. COMO DEVE PROCEDER O CASAL DE MENTORES:

A. No início do acompanhamento.

Muito provavelmente o casal de namorados escolherá um casal de mentores conhecido. Quando isso não ocorrer, o casal de mentores deve marcar um encontro inicial para estabelecer contato e "quebrar o gelo", criando uma conexão com o casal de namorados.

Após o quebra-gelo, deve-se combinar como e quando serão os encontros, visando sempre a obter um clima de apoio e descontração.

B. No caso de rompimento do namoro.

Se há um bom critério no início do namoro, os casos de rompimento deverão ser exceção, uma vez que os casal de namorados não está brincando de namorar. No entanto, no caso de rompimento, o casal de mentores deverá orientar o casal de namorados de forma que:

- As famílias não tenham a comunhão e os relacionamentos afetados;
- Não haja falta de perdão, embora seja sempre uma situação constrangedora;
- Os pais ou responsáveis sejam comunicados;
- Não haja "rumores" desnecessários;
- Não voltem a namorar sem que os motivos que os levaram ao rompimento sejam devidamente tratados;
- Que o bem-estar e a paz na igreja sejam preservados.

Recursos práticos quando vier o que Deus quer

C. Em crises no relacionamento.

Todos os casais de namorados ou casais casados passam por crises e dificuldades. Algumas dessas podem ser mais intensas e precisam ser tratadas de forma que não se tornem pedras que, somadas a outras, criam um muro de separação entre o casal.

O casal de mentores deve agir como pacificador e conciliador, levando o casal de namorados à resolução e ao perdão. Um namoro de crescente amor e respeito não deve viver sob crises continuadas.

D. Perto do casamento.

Quando estiver perto do casamento, o casal de namorados deve participar de um aconselhamento pré-nupcial com o pastor oficiante da cerimônia ou outro casal designado por ele (inclusive, o casal de mentores).

E. No caso de pecado.

No caso de agressão, desrespeito, conduta inadequada e relacionamento sexual, o casal de namorados estará sujeito à disciplina bíblica.

Mais do que nunca, o casal de namorados precisará de orientação e acompanhamento, sendo o casal de mentores de fundamental importância na restauração da comunhão com a igreja e com suas famílias, além de ser imprescindível na restauração entre ambos.

7. PLANO DE ACOMPANHAMENTO

No sentido de ajudar o crescimento e amadurecimento do relacionamento do casal, o casal de mentores deverá incentivá-los a lidar com as diferenças e com as críticas durante o namoro. Não haverá progresso no namoro sem a descoberta e o tratamento das diferenças essenciais entre ambos, nas diversas áreas possíveis.

Todos os assuntos a serem abordados no decorrer do namoro deverão estar apoiados nos conceitos fundamentais de descoberta, discussão e acordo sobre as diferenças que acontecem entre todos os casais.

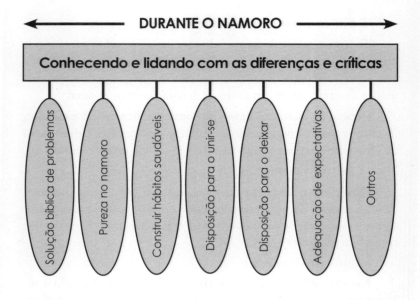

8. TÓPICOS QUE PODERÃO SER ABORDADOS COM O CASAL DE NAMORADOS

A. Conhecendo e tirando proveito das diferenças.

B. Lidando com as críticas no namoro.

C. Motivação do namoro.

D. Capacidade de solucionar problemas biblicamente.

E. Identificação de alvos.

F. Disposição para deixar:
- Os laços emocionais com os pais
- Laços financeiros
- Laços com os amigos da vida de solteiro
- Laços com o trabalho
- Laços com a individualidade da vida de solteiro

G. Disposição para unir-se:

- Vida ministerial
- Expectativa na área material e financeira
- Nível de envolvimento com a igreja local
- Posições teológicas básicas
- Papel do homem/marido e da mulher/esposa
- Quantidade de filhos desejada
- Frequência de visitas aos pais

H. Construindo hábitos saudáveis:

- Oração
- Perdão
- Leitura bíblica
- Comunicação
- Afetuosidade
- Respeitando limites

I. Adequando as expectativas:

- Pessoal
- Profissional
- Financeira
- Ministerial
- Familiar

J. Conhecimento mútuo:

- História
- Forma de reagir (sob pressão, enfrentado problemas, dificuldades)
- Hábitos
- Tendências

9. FERRAMENTAS

Recomendamos o uso dos dois livros sobre namoro e noiva-do — *O namoro e o noivado que Deus sempre quis* e *Perguntas e respostas sobre o namoro e o noivado (que Deus sempre quis)* — além de *Estabelecendo alicerces*, da série *Construindo um Lar Cristão*, por David e Carol Sue Merkh, todos pela Editora Hagnos. Qualquer um desses textos pode ser usado como matéria-prima para os encontros entre mentores e casais de namorados.

3. CONSELHOS PRÉ-MATRIMONIAIS[59]

Infelizmente, a maioria dos casais não recebe nenhum tipo de acompanhamento pré-nupcial. Mas esse é um dos ministérios que dá grande retorno no corpo de Cristo. Encontros periódicos (quinzenais talvez) que tratem de questões essenciais da vida a dois pela perspectiva bíblica são fundamentais para o sucesso matrimonial.

A seguir, ofereceremos uma amostra de assuntos que devem ser abordados nesse tipo de acompanhamento do casal. Se o casal de noivos não tiver alguém que possa suprir esse aconselhamento, deve encontrar uma forma![60]

- O casamento é indissolúvel. Nada pode romper essa união. Portanto, é necessário fazer tudo para não haver separação (Gn 2.24; Ml 2.14-16; Mt 19.4-6; Ef 5.31).

- As prioridades no casamento são diferentes da vida de solteiro. Assim, faz-se necessário avaliar todos os "compromissos" assumidos por um cônjuge sem que o outro seja envolvido (Dt 24.5; 1Co 7.1-5,32-34; 1Tm 5.8).

---

[59] Material preparado pelo professor Marcelo Dias, do Seminário Bíblico Palavra da Vida.

[60] O livro *Estabelecendo alicerces* da série *Construindo um Lar Cristão,* por David e Carol Sue Merkh oferece quinze lições sobre os propósitos de Deus para a família, junto com questões práticas como: papel do homem, papel da mulher, finanças, comunicação, sexualidade, amizade conjugal, aliança conjugal e muito mais.

PERGUNTAS E RESPOSTAS SOBRE O NAMORO E O NOIVADO (QUE DEUS SEMPRE QUIS)

- Uma vez que o Senhor é nossa fonte de vida, é extremamente importante promover a vida devocional juntos. Orar juntos, ler a Bíblia ou livros de apoio e compartilhar constantemente são hábitos essenciais para manter o casamento em sintonia com Deus (1Pe 3.7).

- Quanto à resolução dos conflitos, é de suma importância perdoar e pedir perdão quanto antes. A comunicação franca e branda é uma das bases de um bom relacionamento. Isso exige tempo para falar e ouvir. Não se deve presumir que o cônjuge saiba o que o outro está pensando ou sentindo. Deve-se falar a verdade em amor (Ef 4.26-32; Pv 15.1; 18.2).

- O papel de cada um no casamento deve ser bem entendido para que não haja problemas. O homem tem a tarefa de pastorear, liderar, cuidar, suprir e proteger a esposa (1Pe 3.7; Ef 5.25-33; Gn 2.15; 3.17-19). A mulher tem a tarefa de administrar a casa, providenciar o necessário para um ambiente que supra as necessidades do marido e dos filhos, submeter-se à liderança do marido e respeitá-lo (1Pe 3.1-6; Ef 5.22-24,33; Pv 12.4; 31.10-30). O descumprimento da função de um não é motivo para o descumprimento do outro. Deus pedirá contas do cumprimento do papel de cada um.

- Já que a Bíblia é nossa regra de fé e prática, é preciso ter e administrar biblicamente o dinheiro. O que ambos ganham é provido pelo Senhor e não pode ser dividido. Trata-se de dinheiro e bens da família. O casal precisa administrar pensando nas prioridades bíblicas e familiares. É importante que as decisões sejam tomadas consensualmente, mas, em caso de impasse, o marido deve tomar a decisão final lembrando que Deus pedirá contas de sua liderança.

- É de suma importância que o casal esteja junto no ministério. Trabalhar na obra juntos. Ninguém tem um ministério individual. O ministério passa a ser familiar após o casamento, mesmo que seja em áreas um pouco diferentes. Caso haja necessidade, o ministério do marido deve ser auxiliado pela esposa (2Co 6.14; Mt 6.33).

- O casal deve se tornar independente dos pais financeira e emocionalmente (Gn 2.24), e uma vez casados não devem mais obediência aos pais. Mas nunca devem deixar de honrá-los e cuidar deles se estes não tiverem condições de fazê-lo sozinhos (Ef 6.2-3; 1Tm 5.8). Uma dica importante é quanto ao trato com os sogros. É sempre melhor que o filho ou a filha trate com os próprios pais alguma tensão do que o genro ou a nora, pois os pais tendem a perdoar mais fácil as ofensas dos filhos do que a dos genros e noras.

- O sexo, da mesma forma que o casamento como um todo, foi criado para a satisfação mútua (1Co 7.1-5). Assim, não se deve buscá-lo com o desejo de *se* satisfazer, e sim satisfazer também o cônjuge. É importante conversar abertamente sobre o assunto para que haja crescimento também nessa área.

ROTEIRO DE ASSUNTOS

ASSUNTO	PROPÓSITO
O que Deus pensa sobre o casamento, seu conceito de aliança	Mostrar ao casal o projeto de Deus para o casamento e expor mentiras em que normalmente se crê sobre o casamento.
Prioridades no relacionamento	Mostrar ao casal que as prioridades no casamento são diferentes das da vida de solteiro. Como se relacionar com amigos antigos etc.

ASSUNTO	PROPÓSITO
Ministério do casal	Transmitir ao casal a importância e os benefícios de estarem juntos no ministério. Fortalecer a visão do casal com relação ao compromisso com a igreja local e os recursos que lhe estão disponíveis.
Comunicação	Orientá-los sobre a comunicação, que é uma das bases do bom relacionamento, e que é preciso tempo para falar e ouvir.
Finanças	Demonstrar ao casal que no casamento é preciso ter e administrar biblicamente o dinheiro.
O papel do homem e da mulher no casamento	Direcionar o casal em seus papéis mostrando as igualdades e diferenças funcionais no casamento. Transmitir o verdadeiro valor do respeito e da submissão dentro do casamento.
Buscando e fazendo a manutenção do relacionamento com Deus juntos	Orientar o casal sobre a vida devocional e de oração juntos.
Relacionamento com pais e sogros	Mostrar a responsabilidade de deixar o lar paterno e o amparo que o casal deve ter em relação aos sogros. Orientar o relacionamento com os sogros de modo que o relacionamento seja cristão.

ASSUNTO	PROPÓSITO
Resolvendo conflitos	Orientar o casal com algum método bíblico para a resolução dos conflitos que poderão surgir.
Manutenção do casamento	Tratar de como manter o casamento sempre sólido e agradável com o passar dos anos.
Sexo	Orientar o casal individualmente ou em conjunto sobre o ato sexual, seu valor e suas diretrizes bíblicas.
Filhos	Explicar ao casal que os filhos fazem parte do plano de Deus no casamento e sobre nossa responsabilidade em criá-los.

4. PLANEJANDO SEU CASAMENTO[61]

Dr. Wayne Mack lembra-nos da verdadeira natureza da cerimônia religiosa do casamento:

> A cerimônia de casamento é um culto de adoração. Trata-se de um culto em que o povo de Deus se une para agradecer-lhe pelo dom do casamento e testemunhar o dar e o receber dos votos conjugais. Também é um culto no qual os noivos agradecem a Deus um pelo outro e fazem uma aliança um com o outro cuja duração é para toda a vida. Mantenha isso em mente enquanto planejam esse grande dia.[62]

A Bíblia trata de alguns elementos tradicionais para as cerimônias de casamento em Gênesis 2.21-25. Esses elementos incluem:

- A entrada da noiva com o pai (Gn 2.22)
- Os votos conjugais (Gn 2.23)
- A declaração do casamento (Gn 2.24)
- A "lua de mel" (Gn 2.25)

---

[61] Este artigo foi adaptado do original por Mary-Ann Cox e apareceu pela primeira vez na *Revista Palavra da Vida*, Atibaia, São Paulo (s.d.). Mary-Ann Cox é coautora dos livros *101 ideias criativas para mulheres* e *O legado dos avós.*

[62] MACK, Wayne. *Preparing for marriage God's way*. Virgil: Hensley Publishing, 1986, p. 122. [Tradução nossa.]

Recursos práticos quando vier o que Deus quer

O planejamento é a chave para que a cerimônia religiosa matrimonial seja bem-sucedida. Esse planejamento deve: começar vários meses antes do casamento; incluir ambas as famílias que, infelizmente, são, em geral, esquecidas; realizar-se com um diálogo aberto e conjunto em oração.

Entre os assuntos que devem ser tratados logo no início, citamos:

- A data, o local e os oficiantes do casamento.

- O que significa a cerimônia para os noivos e seus familiares (por exemplo, se é simplesmente uma tradição exigida pela sociedade, se se trata de um testemunho público da atuação de Deus na vida dos noivos, se é um momento para evangelizar descrentes etc.)

- Os limites financeiros. Deve ser feito um orçamento que inclua roupas, convites, aluguel do salão, da igreja, decoração, jantares, recepção etc.

- Lista de tarefas em que estejam contempladas todas as decisões a ser tomadas antes do casamento (veja o Guia de Planejamento na seção seguinte).

Ao planejar cada detalhe da cerimônia, não se esqueçam de verificar que tudo esteja coordenado e coerente com o objetivo que for decidido perante Deus no planejamento inicial. Tudo deve contribuir para refletir a mensagem que desejam transmitir, sob a orientação de Deus. Sempre é bom pensar em um tema que esteja refletido no versículo bíblico escolhido (muitas vezes incluído no convite de casamento) e planejar a cerimônia em torno dele.

É importante que cada item da programação tenha significado para os noivos. A cerimônia deve ser deles, refletir seus gostos, ideias, crença e objetivos. Para conseguir isso, o casal pode decidir até que ponto quer que a cerimônia seja tradicional e até que ponto quer idealizar uma cerimônia original.

O mais cedo possível, o casal deve conversar com o pastor que realizará a cerimônia, explicando-lhe suas ideias e pedindo-lhe conselho. Se o casal ainda não teve aconselhamento pré-nupcial, é altamente recomendável que agende isso quanto antes.

O planejamento é a chave. Reservem tempo de planejamento com cada participante da cerimônia, especialmente os músicos, explicando-lhes o que se espera de cada um. É imperativo que haja um ensaio, normalmente na véspera do casamento. Orando juntos e ensaiando juntos, cada pessoa envolvida se sentirá segura e importante, cooperando e contribuindo para que Deus seja glorificado.

Eis algumas ideias e sugestões práticas para enriquecer a celebração:

- Quinze minutos antes do início da cerimônia, ter música ambiente adequada à ocasião; pode-se convidar músicos ou fazer uma seleção de músicas.

- Demonstrar o valor das famílias dos noivos, entrando cada um com seus próprios pais e saindo juntos como casal, para ilustrar Gênesis 2.24.

- Reservar lugares para a família imediata do noivo e da noiva.

- Distribuir aos convidados um programa impresso, junto com agradecimentos, versículo-chave, o relacionamento de cada participante com o casal e/ou outros detalhes que queiram incluir.

- Procurar fazer que os noivos e todo o "cortejo" sejam visíveis durante a cerimônia, olhando para a plateia, em vez de lhes dar as costas.

- Os noivos podem dar uma palavra de agradecimento a todos os presentes pelo apoio a seu relacionamento.

- Os noivos podem dar uma palavra de testemunho e gratidão aos pais durante a cerimônia.

- Pedir aos fotógrafos que sejam discretos, para que se vistam adequadamente e para que não bloqueiem a visão dos convidados; combinar com os fotógrafos *antes* da cerimônia todos os tipos de fotos que gostariam de ter (se necessário fazer uma lista!).

- Colocar um livro para assinaturas e/ou um retrato do casal na entrada para assinaturas e parabéns dos convidados.
- Usar introdutores para conduzir as pessoas a seus lugares.
- Recrutar uma equipe de amigos responsáveis pela decoração e limpeza do local.
- A noiva deve procurar não atrasar mais de quinze minutos.
- Deve-se tomar cuidado para que a casa da noiva não fique cheia de pessoas nos dias e nas horas que antecedem o casamento (ela precisa de sossego enquanto se prepara).

Uma última palavra de encorajamento:

> Enquanto vocês se preparam para esse grande dia, não permitam que os muitos detalhes de último minuto lhes roubem a alegria e o ânimo próprios desse dia. Lembrem-se: o mais importante não são os arranjos das flores ou a cor dos vestidos das damas de honra. O mais importante no dia do casamento de vocês é o fato de que entrarão como dois, mas sairão como um. Regozijem-se e alegrem-se muito, porque Deus tem sido bom para vocês![63]

Que seu casamento seja uma cerimônia inesquecível e que tribute muita honra e glória ao Senhor Jesus Cristo.

---

[63] MACK, Wayne. *Preparing for marriage God's way*. Virgil: Hensley Publishing, 1986, p. 122. [Tradução nossa.]

5. GUIA DE PLANEJAMENTO: CRONOGRAMA DE PREPARATIVOS PARA O CASAMENTO

Planejar um casamento não precisa ser algo terrível. Um pouco de planejamento poderá transformar um pesadelo em sonho realizado.

Com essa finalidade, juntamos uma lista de preparativos que devem ser feitos nos meses e dias que antecedem o casamento. Os detalhes podem variar conforme as muitas opções e preferências pessoais. O fato de que algum item conste na lista não significa que deva ser incluído nos preparativos ou na cerimônia de casamento. Mas quem acompanhar esse roteiro encontrará muito mais paz num guia confiável de preparação para o grande dia.[64]

DE 10 A 12 MESES ANTES

- Anunciar aos pais, membros importantes da família e amigos mais chegados as boas-novas!

---

[64] Esta lista é uma compilação baseada em várias fontes, inclusive: Ceanira Ker da Silva Souza, *Vida Cristã,* abril-junho 2000, p. 27-28; e alguns *sites* da internet: <http://sites.google.com/site/utilitariosahquandocasarpassa/>;<http://ahquandocasarpassa.wordpress.com>. Acesso em: 19 jul. 2015.

Recursos práticos quando vier o que Deus quer

- Pensar na possibilidade de enviar algum recado ou "pré-convite" do tipo "Reserve esta data".
- Promover um encontro entre as duas famílias, caso não se conheçam.
- Anunciar o noivado pelos métodos tradicionais, mas também construindo um *website* ou enviando *e-mails* aos amigos.
- Fazer uma festa de anúncio de noivado.
- Começar a sonhar em como será a cerimônia de casamento: formal ou tradicional, de manhã, à tarde ou à noite, com ou sem recepção, grande ou pequena etc.
- Estabelecer um orçamento para a cerimônia, para a recepção e a lua de mel.
- Escolher a data (tenham alternativas à data preferida caso esta não seja possível por algum motivo).
- Reservar a igreja e o lugar da recepção (se houver).
- Pesquisar possibilidades para o vestido da noiva (comprar, alugar, importar).
- Pesquisar fornecedores de flores, decoradores, coordenador do casamento, fotógrafo e *cameraman*.
- Começar a elaborar uma lista de convidados.
- Contratar um consultor para a organização geral (opcional).
- Escolher e convidar o (s) celebrante (s).
- Escolher as damas de honra e pajens.
- Visitar floriculturas, fornecedores e músicos.

DE 8 A 10 MESES ANTES

- Escolher e encomendar o vestido de noiva e os acessórios, incluindo véu, luvas e sapatos.
- Marcar encontro com a floricultura e escolher os arranjos.
- Marcar encontro com os músicos e pensar na cerimônia e na recepção.

PERGUNTAS E RESPOSTAS SOBRE O NAMORO E O NOIVADO (QUE DEUS SEMPRE QUIS)

- Selecionar e confirmar fotógrafo e *cameraman*.
- Pesquisar opções para a lua de mel.
- Considerar a possibilidade de oferecer lembranças de casamento.
- Pesquisar modelos e encomendar as alianças com as respectivas gravações de nome.
- Pesquisar e reservar (se desejado) o Dia da noiva.
- Escolher os padrinhos, as damas de honra e os pajens.
- Escolher o tema do casamento
- Contratar o bufê.
- Pesquisar gráficas e escolher o tipo de convite; encomendar os convites (20% a mais que o número de convidados).
- Escolher a roupa das damas, dos pajens e dos padrinhos.
- Verificar as férias de trabalho.

6 MESES ANTES:

- Decidir sobre a decoração da igreja e do salão de festas ou recepção.
- Escolher as músicas para a cerimônia e acertar os detalhes com os músicos.
- Fazer a lista final de convidados.
- Inscrever-se numa lista de casamento.
- Encomendar o bolo de casamento.
- Selecionar a roupa do noivo, comprá-la ou alugá-la. Caso a noiva deseje mudar de vestido antes do fim da festa, deverá comprá-lo nesse período.
- Confeccionar ou encomendar as lembrancinhas.

4 MESES ANTES:

- Decidir quanto aos padrinhos, damas e pajens da cerimônia religiosa e do casamento civil e comunicar local, data, traje etc.
- Fazer os exames médicos pré-nupciais.
- Planejar o chá da noiva, enviar convites, preparar lembrancinhas, recrutar alguém para coordenar etc.
- Decidir com o oficiante a ordem da cerimônia.

3 MESES ANTES

- Dar entrada na documentação no cartório.
- Entregar os convites.
- Acertar detalhes com a floricultura.
- Pedir ajuda a amigos para que cuidem de detalhes no dia da cerimônia e na recepção.
- Fornecer ao fotógrafo uma lista do que desejam que seja obrigatoriamente fotografado.
- Escrever os votos de casamento.
- Pensar no penteado e na maquilagem.
- Decidir o transporte do casal à igreja e para o local da lua de mel.
- Decidir e encomendar bolo, salgados e doces.
- Reservar a manicure, o cabeleireiro, o maquiador etc.
- Pensar na possibilidade de honrar pais e/ou pessoas chegadas com presentes especiais e prepará-los.

1 MÊS ANTES

- Decidir e comunicar quem irá levá-los ao lugar da cerimônia.

PERGUNTAS E RESPOSTAS SOBRE O NAMORO E O NOIVADO (QUE DEUS SEMPRE QUIS)

- Verificar burocraticamente as licenças de casamento.
- Prova final do vestido de noiva.
- Confirmar se estão preparadas as roupas das damas de honra.
- Contatar todos os fornecedores envolvidos para confirmar horas e entregas.
- Escrever e imprimir o programa da cerimônia.
- Pedir a alguém de confiança que contate os convidados que não tenham confirmado presença.
- Escolher os sapatos e usá-los para amaciar.
- Comprar a *lingerie* e os acessórios para a lua de mel.
- Verificar o transporte e hospedagem dos convidados, se necessário.
- Verificar se os documentos para a cerimônia civil e religiosa estão em ordem.
- Pagar as taxas necessárias.
- Confirmar todos os detalhes pendentes!

10-7 DIAS ANTES

- O noivo deve polir as alianças e cortar o cabelo.
- Arrumar as malas.
- A noiva deve fazer depilação.
- Acertar o plano de distribuição dos convidados pelas mesas e escrever nomes nos cartões indicativos para a recepção.
- Deixar com alguém o plano da viagem de núpcias com todos os contatos em caso de necessidade.

NA VÉSPERA

- Descansar!

Recursos práticos quando vier o que Deus quer

- Fazer algo relaxante e usufruir da companhia dos convidados vindos de fora.
- Repartir responsabilidades para a festa após a cerimônia para que haja bom andamento dos diferentes complementos. Receber a manicure e pedicuro.

NO DIA

- Tomar um bom café da manhã.
- Curtir o Dia da noiva caso haja.
- Oferecer presentes aos pais.
- Ver o *planejamento do casamento* concretizar-se.
- Aproveitar a festa e ser feliz!
- Aproveitar todos os detalhes do dia e DESCANSAR EM DEUS.

6. CERIMÔNIAS DE CASAMENTO

Ao longo dos anos, temos nos envolvido em muitos casamentos de jovens, de todos os estilos. A seguir oferecemos dois exemplos de ordens de cerimônia para ajudar o casal de noivos no planejamento de seu dia para honra e glória de Deus.

ORDEM DE CERIMÔNIA 1

Entradas

- Entrada dos padrinhos.
- Entrada do noivo e dos pais (despedir dos pais, que se assentam).
- Entrada das floristas.
- Entrada da noiva com o pai (despedir do pai, que cumprimenta o noivo e se assenta).

Boas-vindas

- Todos assentados.
- Orientações quanto à cerimônia.

Opcional: Cerimônia das velas

- Pais acendem velas para representar as famílias de origem dos filhos.

Oração (gratidão pelos pais, pela igreja, pela vida dos noivos, pelo culto).

Música especial (opcional)

Mensagem

Música especial (opcional)

Entrada do pajem e da dama de honra

- Entrega das alianças ao pastor oficiante.
- (Opcional) Entrega da Bíblia branca aos noivos ou a um deles.

Cerimônia das alianças

- Explicação do significado.
- Votos do marido.
- Colocação da aliança na noiva.
- Votos da esposa.
- Colocação da aliança no noivo.

Oração e bênção

Beijo dos noivos

Música especial (opcional)

Apresentação do casal: Senhor e senhora _____

(Opcional) Cerimônia das velas

- Explicar significado (Gn 2.24: deixar pai e mãe, formar um novo lar).
- Casal toma as velas acendidas pelos pais e acende a vela central, representando o novo lar.

Cumprimento dos noivos e saída (padrinhos vão até eles, depois saem; no final, o casal sai, seguido pelos pais).

Avisos

ORDEM DE CERIMÔNIA 2

Boas-vindas

- Todos assentados.
- Orientações quanto à cerimônia etc.

Entradas

- Entrada do noivo com os pais ou entrada do noivo com a mãe da noiva.
- Entrada dos padrinhos.
- Entrada das floristas.
- Entrada da noiva com o pai (despedir dos pais, que cumprimentam o noivo e se assentam).

Oração e explicação

Música especial

Mensagem

Cerimônia das alianças

- Entrada das alianças.
- Entrega das alianças ao pastor oficiante.
- Explicação do significado e desafio dos votos e das alianças.
- Repetição dos votos e colocação da aliança.

Música especial

Palavra dos noivos aos pais e congregados

Oração e bênção

Beijo do casal

Apresentação do casal: Senhor e senhora _____

Saída

- Padrinhos
- Pais
- Noivos

Avisos

7. VOTOS DE CASAMENTO[65]

O momento mais importante na cerimônia de casamento é a declaração dos votos conjugais. Infelizmente, muitos casais deixam o planejamento desse momento para a última hora ou, pior, nem o planejam!

Temos colecionado alguns exemplos de votos usados por casais ao longo dos anos, desde os votos tradicionais até os votos mais pessoais e criativos.

CASAL 1 (TRADICIONAIS)

Marido: *Prometes diante de Deus e destas testemunhas que tomas* (nome da esposa) *por tua legítima esposa, para viveres com ela, segundo foi ordenado por Deus? Prometes amá-la, honrá-la, consolá-la e conservá-la, tanto na saúde como na enfermidade, na riqueza e na pobreza, e te conservares exclusivamente para ela enquanto ambos viverem?*

Esposa: *Prometes diante de Deus e destas testemunhas que tomas* (nome do marido) *por teu legítimo esposo, para viveres com ele segundo foi ordenado por Deus? Prometes amá-lo, honrá-lo, consolá-lo e conservá-lo, tanto na saúde como na enfermidade, na riqueza e na pobreza, e te conservares exclusivamente para ele enquanto ambos viverem?*

---

[65] Agradecemos a amigos e ex-alunos que nos cederam seus votos de casamento que são aqui adaptados e apresentados como opções variadas para a cerimônia dos votos.

PERGUNTAS E RESPOSTAS SOBRE O NAMORO E O NOIVADO (QUE DEUS SEMPRE QUIS)

CASAL 2

Marido: *Eu prometo . . . amar-te para sempre, independentemente da situação, do tempo e do lugar, na pobreza, na doença ou na adversidade . . . ser paciente e amoroso contigo e com nossos filhos . . . orientar nossa família de forma participativa, nas áreas espiritual e educativa, no suprimento das necessidades financeiras e sentimentais.*

Esposa: *Eu prometo . . . amar-te para sempre . . . admirar-te . . . ensinar nossos filhos a te amarem e te admirarem . . . cuidar bem do nosso lar . . . ser uma mãe amorosa para nossos filhos . . . basear a criação dos filhos na Bíblia . . . ajudar no que for preciso . . . aceitar-te como és . . . ajudar-te a superar teus defeitos. . . ser fiel para sempre . . . ser calma e paciente contigo e com nossa família . . . ser tua melhor amiga . . . estar contigo em qualquer situação da vida.*

CASAL 3

(Marido e esposa) Prometo diante de Deus aos olhos destas testemunhas a ele (a) amar e dele (a) cuidar em quaisquer circunstâncias da vida até que a morte nos separe.

CASAL 4

Marido: *Eu,* (nome do marido), *recebo você,* (nome da esposa), *por minha esposa para tê-la e conservá-la, de hoje em diante, em toda e qualquer circunstância, para amá-la e querê-la, até que a morte nos separe, de acordo com a vontade de Deus. Para isso empenho minha honra e peço a Deus que me ajude a cumprir fielmente todos os compromissos implícitos no nosso amor.*

Esposa*: Eu,* (nome da esposa), *recebo você,* (nome do marido), *por meu esposo para tê-lo e conservá-lo, de hoje em diante, em toda e qualquer circunstância, para amá-lo e ser-lhe submissa, até que a morte nos separe, de acordo com a vontade de Deus. Para isso empenho minha honra e peço a Deus que me ajude a cumprir fielmente todos os compromissos implícitos no nosso amor.*

Recursos práticos quando vier o que Deus quer

CASAL 5

Marido: *Prometo liderá-la fielmente como seu marido, buscar co-nhecê-la e encorajar seu crescimento em todas as áreas da vida, respeitá-la e honrá-la, amá-la conforme o exemplo de autossacrifício de Cristo por sua noiva, a igreja.* (Nome da esposa), *também estou ciente de que é somente com a ajuda de Deus que poderei cumprir estes votos. Por isso, com confiança de que ele também colocou este desejo em meu coração, prometo buscar esses alvos como seu marido até o Senhor voltar ou até que a morte nos separe.*

Esposa: *Prometo seguir sua liderança como meu marido, submeter-me a você fiel, alegre e confiantemente; respeitá-lo, encorajá-lo nas responsabilida-des que Deus lhe der e amá-lo como Cristo espera que a Igreja o ame.* (Nome do marido), *é com seriedade diante de Deus, com convicção que ele quer que assim eu faça, com a certeza de que eu quero fazê-lo e com a confiança de que ele há de me ajudar que prometo isto até que o Senhor volte ou até que a morte nos separe.*

CASAL 6

Marido: *Põe-me como selo sobre o teu coração, pois neste dia desejo selar o meu amor por ti. Cumprindo o grande desafio de amar-te como Cristo amou a Igreja, de querer-te como minha eterna namorada, de cuidar-te e proteger-te como minha Rosa de Sarom e de amar-te como minha esposa formosa. Eu,* (nome do marido), *diante de Deus, da família, dos irmãos e dos amigos, prometo-te,* (nome da esposa), *fidelidade e amor até que a morte nos separe. Eu te amo.*

Esposa: *Prometo amar-te como esposa virtuosa, cuidando e providen-ciando o teu bem-estar, querendo-te como meu eterno namorado, respeitando-te e dedicando-te meu ser e sempre amando-te como meu esposo, formoso e amado. Eu,* (nome da esposa), *diante de Deus, da família, dos irmãos e dos ami-gos, prometo-te,* (nome do marido), *fidelidade e amor até que a morte nos separe. Eu te amo.*

CASAL 7

Marido: *Quero, pela graça de Deus, honrar nosso casamento procurando santificá-la, instruí-la, amá-la, como a minha própria vida, com discernimento e consideração, tratando-a com dignidade como vaso mais frágil e entregando minha vida por você, ao deixar pai e mãe e me unindo a você.*

Esposa: *Pela graça de Deus até o fim da nossa vida quero honrar nosso casamento, santificando-te no convívio comum do lar, respeitando-te e amando-te, sendo submissa a ti como a Deus, procurando ser sensata, honesta e cuidando bem da nossa casa em fé, amor e santificação até que a morte nos separe.*

SOBRE OS AUTORES

ALEXANDRE MENDES

Alexandre "Sacha" Mendes é casado com Ana desde 2007. O casal foi abençoado com três filhos, Pedro, Tito e Marina Helena, que nem sequer pensavam em namoro quando este segundo volume foi escrito.

Sacha formou-se em economia na Universidade de São Paulo (2001) em teologia com ênfase pastoral no Seminário Bíblico Palavra da Vida (2006). Tem mestrado em aconselhamento bíblico (M.A.) pelo *Master's College* (2009), mestrado em Divindade (M. Div.) pelo *Faith Bible Seminary* (2010) e faz doutorado em ministério com ênfase em exposição bíblica no *Southeastern Baptist Theological Seminary* (2016).

Sacha é pastor de jovens na Igreja Batista Maranata em São José dos Campos, SP, e atua como professor externo em algumas instituições de ensino teológico. É autor da dissertação *Uma perspectiva bíblica sobre o namoro: questões muitas vezes não consideradas no Brasil*, apresentada ao *Master's College*, Califórnia.

DAVID MERKH

David Merkh é casado com Carol Sue desde 1982. O casal tem seis filhos: David Jr. (casado com Adriana), Michelle (casada com Benjamin), Daniel (casado com Rachel), Stephen (casado com Hannah), Juliana (casada com Elton Júnior) e Keila.

Pastor David formou-se como bacharel em artes (B.A.) na Universidade de Cedarville (EUA — 1981); tem mestrado em teologia (Th.M.) pelo *Dallas Theological Seminary* (1986) e doutorado com ênfase em ministério familiar pelo mesmo seminário (2003).

É missionário no Brasil desde 1987, onde trabalha como professor e coordenador do Curso de Estudos Avançados em Ministério no Seminário Bíblico Palavra da Vida, em Atibaia, SP.

Pastor David é um dos pastores auxiliares da Primeira Igreja Batista de Atibaia desde 1987. Hoje atua como pastor de exposição bíblica, pregando, ensinando e dando cursos de treinamento a pastores.

David Merkh e esposa são autores de dezesseis livros sobre vida familiar e ministério prático, todos publicados pela Editora Hagnos. Seu *site* <www.palavraefamilia.org.br> recebe milhares de visitas por mês.

NÃO PERCA O OUTRO LIVRO DOS AUTORES SOBRE NAMORO E NOIVADO!

O namoro e o noivado que Deus sempre quis (David Merkh e Alexandre Mendes)

Uma enciclopédia de informações e desafios para jovens que querem seguir princípios bíblicos e construir relacionamentos sérios e duradouros para a glória de Deus.

E ESTES OUTROS RECURSOS PARA SUA FAMÍLIA OU GRUPO PEQUENO

Considere estes outros recursos, oferecidos por David e Carol Sue Merkh, publicados pela Editora Hagnos:

Série *Construindo um Lar Cristão*

- Material 1: *Estabelecendo alicerces*

15 estudos sobre os fundamentos de um lar cristão, incluindo lições sobre o propósito de Deus para a família, reavivamento que começa em casa, aliança e amizade conjugais, finanças, papéis, comunicação e sexualidade no lar.

- Material 2: *Mobiliando a casa*

15 estudos sobre a criação de filhos, incluindo lições sobre discipulado e disciplina de filhos, com ênfase em como alcançar o coração do seu filho.

- Material 3: *Enfrentando tempestades*

15 estudos sobre temas e situações preocupantes no casamento, começando com uma perspectiva equilibrada sobre o que Deus quer fazer no coração de cada um apesar das "tempestades" pelas quais passamos. Inclui estudos sobre: maus hábitos, críticas, parentes, finanças, sogros, discussões e decisões sobre o futuro.

Série 101 Ideias Criativas

- *101 ideias criativas para grupos pequenos* (David Merkh)

Um livro que oferece material para o ministério com grupos familiares e para os vários departamentos da igreja. Inclui ideias para quebra-gelos, eventos e programas sociais, além de brincadeiras para grupos pequenos e grandes.

- *101 ideias criativas para culto doméstico* (David Merkh)

Recursos que podem dinamizar o ensino bíblico no contexto doméstico e deixar as crianças "pedindo mais".

- *101 ideias criativas para mulheres* (Carol Sue Merkh e Mary-Ann Cox)

Sugestões para transformar chás de mulheres em eventos inesquecíveis, que causam impacto na vida das mulheres. Inclui ideias para chás de bebê, chás de cozinha e reuniões gerais das mulheres da igreja. Termina com dez esboços de devocionais para encontros de mulheres.

- *101 ideias criativas para família* (David e Carol Sue Merkh)

Apresenta sugestões para enriquecer a vida familiar, com ideias práticas sobre: relacionamento marido-mulher, relacionamento pai-filho, aniversários, refeições familiares, preparação para o casamento dos filhos, viagens.

- *101 ideias criativas para professores* (David Merkh e Paulo França)

Dinâmicas didáticas para enriquecer o envolvimento dos alunos na aula e desenvolver uma melhor compreensão do ensino.

Série Paparicar

- *101 ideias de como paparicar seu marido* (David e Carol Sue Merkh)
  Textos bíblicos com aplicações práticas para a esposa demonstrar amor por seu marido.

- *101 ideias de como paparicar sua esposa* (David e Carol Sue Merkh)
  Textos bíblicos com aplicações práticas para o marido demonstrar amor por sua esposa.

OUTROS LIVROS:

- *151 boas ideias para educar seus filhos* (David e Carol Sue Merkh)
  Uma coletânea de textos bíblicos voltados para a educação de filhos, com sugestões práticas e criativas para aplicação no lar.

- *O legado dos avós* (David Merkh e Mary-Ann Cox)
  Um livro escrito por uma sogra, em parceria com um genro, sobre o desafio bíblico de deixarmos um legado de fé para a próxima geração. Inclui:

  – 13 capítulos que desenvolvem o ensino bíblico sobre a importância do legado; estudos apropriados para grupos pequenos, escola bíblica, grupos da terceira idade etc.

  – 101 ideias criativas de como os avós podem investir na vida dos netos.

- *Homem nota 10* (David Merkh)
  18 estudos que examinam as listas de qualidades do homem de Deus conforme 1Timóteo 3 e Tito 1. Preparado para ser usado como estudos bíblicos em grupos de homens, encontros de discipulado, na preparação de líderes para a igreja, no estudo individual e como devocional.

Sua opinião é importante para nós.
Por gentileza, envie-nos seus comentários pelo e-mail:

editorial@hagnos.com.br

Visite nosso site:

www.hagnos.com.br